Knowledge House ——— Walnut Tree

Knowledge House　Walnut Tree

圖解中國「十三五規劃」
《建議》

我看「十三五規劃」《建議》

　　三聯書店邀我為本書寫一篇導讀，對於此項涉及多種知識範疇的任務，我本感力有不逮，但翻閱之後，不但瞭解它是多位專家的心血結晶，而且內中包含著重要的治國理念與經濟發展思想，港台讀者若想明白未來五年甚至更長時期中國的發展策略，本書實可當作指路明燈，所以我就不揣淺陋，拋磚引玉，談談自己的看法。因為書中觸及很多理念及採用了大量數據與資料，我只能選取部份相關題材加以論述，我所寫的，不可視為本書的撮要。

　　「十三五規劃」反映著中國從一個發展階段到另一個發展階段的重要轉折，要明白「十三五」所要採用的策略，我們必先要搞清楚現時的新起點是建立於甚麼基礎之上。

已取得的成績

　　從一九七八年改革開放至今，中國經濟出現了人類歷史上從未有過的奇蹟般的變化，但這變化卻絕非神秘的不可解之謎，一切都有理路可尋，需要我們不斷總結經驗。就以成績而言，最耀目的自然是中國生產力的猛增，二○一五年的人均實質GDP是一九七八年的二十‧七倍，從來沒有一個國家在這麼短時間內可以取得如此驚人的成績。二○一四年，中國的總體GDP已等於全球的百分之十三‧四，排名世界第二位。世界銀行與國際貨幣基金組織用存有爭議性的購買力平價去計算GDP，更認為中國的GDP已達世界第一。

　　我們也不用只盯著GDP一項指標。中國的外貿總量早已是世界第一。出口量一樣是舉世第一，進口量則是全球第二，吸收外國直接投資也是世界第二，對外直接投資排名第三，外匯儲備則又是冠絕全球。由此可知，在經濟領域上，中國雖遠未到十項全能，但手上卻早

已取得不少金牌、銀牌與銅牌了。正如在奧運會中,沒有人敢輕視中國的運動健兒,現在也不會有國家把中國的經濟實力不當一回事。

經濟以外,不少發展指數也顯示著中國社會多方面的非凡進步。中國的人均壽命已達七十五・六歲,大城市中更遠高於此。這與解放初期的人均壽命只有四十歲左右不可同日而語,這當中不知包含了多少醫療衛生人員的努力。在科學研究方面,中國的進步也是迅速的。據國際權威學術期刊《自然》所制訂的「自然指數」(Nature Index),僅二〇一四年,中國科研人員在世界最頂尖的六十八份科學學術期刊共發表了六千零三十七・二二篇論文(按文章作者有多少比例來自中國加權計算),居世界第二,按此指數,中國共有五所大學的科研能力打入世界前五十名之內,中國科學院在上述的六十八份期刊中論文的發表數量更在世界排名第一。

成績雖不俗,但挑戰更多。中國經濟增長了這麼多,相當大的原因是靠人民省吃儉用高儲蓄高投資率而帶來的。但資本積累了這麼久,會否受到報酬遞減律的困擾,令投資回報變低?不少論者更提出中國可能會跌入所謂的「中等收入陷阱」,以後經濟增長會慢下來甚至停頓。我並不相信「中等收入陷阱」這個概念。其實在任何收入水平的國家,其經濟都可能停滯下來。世界上不少窮國數十年來的經濟不但毫無寸進,還有時會倒退。拉丁美洲一些中等收入的國家確實曾面對過經濟裹足不前的困境,但就算發達經濟體如歐洲,甚至美國,近年不也是掉進了這個陷阱嗎?因此,無論是低收入、中等收入,還是高收入的國家,都有可能陷入經濟停頓局面,與是否位於中等收入並無關係。中國當前的頭號問題,依然是如何確保經濟高增長能保持下去。

必要面對的挑戰

中國是第一大貿易國,但自金融海嘯及歐債危機後,外部經濟環

境一直不穩定，歐盟成員國經濟增長乏力，美國稍見起色，但進口增長率下降。國際貨幣基金組織本來對二〇一四年的全球經濟增長預測為百分之三‧八，但形勢不遂人願，所以只得把這增長率不斷調低，先調至百分之三‧五，再降至百分之三‧三，仍不足夠，後又降至百分之三‧一。由此可見世界經濟的疲弱，而這百分之三‧一的增長，還相當程度要倚靠中國接近百分之七的增長才能維持。在外部需求有下行壓力的同時，東南亞一些國家也部份仿照中國的模式，利用更便宜的勞動力製造出口商品，形成與中國的競爭。中國如何在此等局面下闖出新路，保持貿易額的持續增長，對未來政策制定絕對是一大挑戰。

在外需下行時，一種應變方法是增加內部消費。中國近年來儲蓄率一直徘徊在GDP的百分之五十左右，這意味著私人消費加上政府消費也是等於GDP的百分之五十水平，這在世界標準上是偏低的。但我們不要忘記，提高消費也等同減低儲蓄率，後者又意味著投資減少，資本累積放慢，因而經濟增長率也會下降。以中國國情而論，最適當的儲蓄率仍會偏高，消費率也很難推得很高。

應付外需不足的一種辦法是出口商轉為內銷商。既然中國不少產品過去都能在世界各地搶佔市場，所向無敵，是否出口轉內銷時尚有強大的競爭力？這倒未必。出口商之所以成功，是因為他們能掌握到廉價勞工的優勢，但他們一旦轉戰內地，那裡既有的企業一樣享有廉價勞工的優勢，而且對內地市場更加熟悉，新加入的出口商未必能討得了多少便宜。

此外，貧富差距一直都在困擾著中國。它最窮的人口中，包括農村人口，近年的收入的確不斷上升，脫貧的人口亦數以億計，但毋庸諱言，中國的貧富差距依然頗為巨大，不利社會和諧。另外，城鄉差距、沿海與內陸及西部地區收入的落差形成的不平衡，也不利長遠發展。

在中國發展過程中，某些行業投資過度，加上豐富的生產經驗，使得這些行業生產力旺盛，漸成產能過剩的格局。因此，中國面臨著頗大的資源配置難題。產能過剩也意味著這些企業的產品，價格訂得太高，若能減價，需求量便會上升，產能過剩的現象將可緩解。相對的，若有企業產能過剩，我們也可預期另有一些企業投放資源不夠，於是出現產能不足。如何調節產能過剩及不足，也是當前一大挑戰，這需要市場力量的幫忙。

產能明顯不足的一個環節便是環境保護行業。本書中列有各種有價值的環保指標，意味著改善環境可能已提上了議事日程。但中國國土遼闊，人口眾多，能源儲備和水資源等卻不足夠，改善環境絕非易事。

人均壽命增長本是好事，但這帶來的人口老化問題卻是不好應付。日本是世界上最長壽的人口大國，它過去二十多年卻因人口老化而經濟不但鮮有增長，而且還欠下巨債。歐洲一些國家亦遇到同樣的問題。在過去的歷史中，人類從未有今天的普遍長壽，因此，人口老化是一個很現代的全新問題，而中國卻因醫療技術進步太快，正好遇上了「未富先老」的難題。

三十多年來，中國人口一直都在城鎮化，大量人口從農村移居到城市，但他們在城市中生活也有困難，不一定願意帶同子女到城市奮鬥，反而把他們留在農村家中由長者照顧。這些「留守兒童」為數眾多，可能有六千萬人，他們的成長環境不利，容易產生巨大的社會問題，這又是一項政府必須要面對的困難。

上述的種種挑戰，並非問題的全部，我只是按自己較有興趣的方面加以挑選而已。書中的論述，幾乎可稱為百科全書式的演繹，重要的環節絕大多數都有觸及。

中國模式與經濟轉型

　　有了挑戰便要面對，但更重要的是採取什麼政策去解決這些問題。本書的核心在於第三講至第七講，當中以創新、協調、綠色、開放與共享五個重點作為發展方向的概括，而每個重點又細分為多個小項。為什麼選這五個重點？它們能否對症下藥呢？

　　先說創新，這是書中的第三講主題。從八〇年代的改革開放開始，中國最令人矚目的成績便是利用自己擁有大量勞工的相對優勢，建立起一整套以生產勞動密集產品的製造業。這個戰略與以前大搞資本密集的重工業不一樣。因中國人口眾多，勞動力成本低廉，故產品在國際上有強大的競爭力，珠三角一些地方甚至被稱為「世界工廠」，中國商品行銷全球，所向披靡。這個戰略與印度所採取的不一樣，印度是以資訊科技先行，締造出一個有競爭力但直接參與人數不多的高科技行業。在效果上而言，中國的戰略立竿見影，大量民工找到工作，迅速脫貧，但在早期高科技並非推動經濟的主力。印度戰略的特點是科技精英能較快得到好處，廣大民眾卻未能及早分享經濟增長的成果。

　　在中國模式底下，我們不能說社會毫無創新，八九十年代大量民營企業冒起已是不爭的事實。從二〇一四年三月到二〇一五年八月，平均每周有七萬七千家新公司註冊登記，創業也是創新的一個重要組成部分。在大規模的工業生產過程中，工人與技術人員通過累積經驗，技藝不斷改進，生產力得以提升。不過，這些並不能完全取代高科技所可能帶來的生產力及飛躍式的解放。人民的生產力是提高了，但工資也接著上升，廉價勞工的模式不可能永續，國外也有不少國家眼見中國的成功而模仿之，中國若不能靠高科技與不斷的創新把對手拋在後面，便會在國際競爭中敗下陣來。

天下沒有免費午餐，科技與創新亦然。中國投放入科學研究的開支已從一九九五年佔GDP的百分之〇‧五增至現在的百分之二‧一，雖然是比以前增加了不少，但在國際標準上，仍未居於領先的位置。不過，這些資源是否都用得其所，需要持續論證檢討。在知識產權的保護上，中國也顯然有不足之處。把別處的科研成果抄襲過來雖方便快捷，但若保護知識產權不力，自己人的成果也會被隨意抄襲，那麼創新便缺乏了激勵因素，大家都覺得創新活動是為他人作嫁衣裳，便大事不妙。因此，精準地投放資源，使之用在真正的科研活動，而不是把請客吃飯應酬的支出也視作科研經費，這是必須注意的。如何改善保護知識產權的制度，使之能更好的激勵創新者，也應是重要的政策考量。

城鎮化與環保

第四講論及協調，中國經濟需要協調的地方不少。其中最突出的一點是城鎮化帶來的新問題。一九七八年城鎮人口是一億七千兩百萬，佔總人口百分之十七‧九，但到了二〇一四年，已增至七億四千九百二十萬，佔總人口百分之五十四‧八。這種史無前例的大規模人口遷移，是中國經濟增長動力中重要的一環。城鎮化有很多優點，在城市中，訊息傳播較快，人民的生產力更容易被組織起來，新技術與管理的程度也較高，人民從農村移居城市後，生產力一般能大幅提升。城鎮化的另一好處是改善了基建的成本效益。連接不同地區城鎮的公路網或鐵路網若缺乏足夠的人流支持，會變成大白象，但城鎮人口近年以接近每年兩千萬的速度增加，卻可使基建的效益大增。

城鎮化帶來的最大問題是如何在城市中創造足夠的職位吸納新來的人口，這便突顯了經濟轉型的重要性。製造業轉向高科技，能吸納的勞動力有限，這便需要新的能吸納大量勞工的行業，服務業正可滿

足此一要求。一九七八年服務業佔中國GDP的比重是百分之二十四．五，但在二〇一四年已增至百分之四十八．一。比起製造業加上建造業共佔的百分之四十二．七更大，服務業已成為中國經濟最大的板塊，而且距離飽和點還遠得很，它又是勞動力頗為密集的行業，能吸收大量勞工。明乎此，在「十三五」期間內，不但人口城鎮化會加快，服務業也會有長足的發展。

第五講作者用大量數據描述中國環境保護的現況。在經濟學中有一條以諾貝爾經濟學獎得主命名的「環境庫茲涅茨曲線」（Environmental Kuznets Curve），據此曲線，窮國在發展的初階，對增加工業生產的重視程度遠超環境保護，經濟越上升，污染便越嚴重，但到了人均GDP達到一萬美元左右後，人民對清潔環境的訴求漸強，亦有更多資源處理好污染，所以在過了這個收入點後，環境會逐步改善。中國的人均收入尚未達一萬美元，但不少大城市卻早已過之，現在環保已進入拐點，國家與人民都會願意投放更多資源改善環境。

從更正面的角度看，處理好綠色發展，正可創造新的經濟效益。污染少了，民眾健康好了，壽命增加，都可視為新時代有價值的服務。GDP現有的計算方法雖未把乾淨環境帶來的價值計算在內，但這只顯示GDP的計算方法有問題，不是環保沒有效益。環保在未來一段長時期裡，可能是一個需求增長迅速的行業。現時有些行業出現產能過剩，但這意味著另有一些行業投放資源不足，把投放在產能過剩的行業資源轉至環保當中，是應有之義。

一帶一路與全球化

開放是第六講的主題。中國既是世界第一貿易大國，我們已可以把它看成是經濟最開放的國家，為什麼開放在「十三五」中仍這麼重要？全球經濟一體化的趨勢已出現多年，國際上生產互相依存的程度

已很高，一件產品的元件往往都在多個國家製造。但我們也要注意，某些發展程度不高的國家還未加入全球化的社會中，它們的經濟若能發展起來，全球都可受惠。

從中國的長遠角度看，現在出口商品的主要市場仍在歐美，但在未來的二三十年，沿著一帶一路的各國人口增多，若它們能轉變成世界經濟的活躍參與者，可更有效把國外的先進技術與管理轉移到自己國家中，那麼經濟增長有望比歐美的更快，中國開發這些新市場自然有很大的必要與利益。一帶一路共有近六十個國家，當中包括印度、印尼等人口眾多的國家和地區，亦有能源與天然資源豐富的中東產油國與俄羅斯等，其潛力不容輕視。中國現在開放政策的重點是放在發展一帶一路，這是很有眼光的目標市場轉移。

要幫助一帶一路國家的經濟發展起來，中國第一步可做的便是助其發展基建。第二步是助其發展加工區。第三步是助其融資。中國對第一、二步都有豐富的經驗。中國主導的亞投行也可在融資上有促進作用。香港則第一、二、三點都有可能作出貢獻。

有人認為一帶一路是要與美國主導的「跨太平洋夥伴關係協議」（TPP）相抗衡。這點也許沒錯，若有國家要圍堵中國，後者也不能不來個合縱連橫。但若想得深入一點，則可瞭解，一帶一路先期目標主要是基建與投資，TPP則是在另外的區域處理貿易與知識產權保護等問題，二者其實並無衝突。一帶一路已成中國的國策，第六講的內容對我們瞭解這國策的意義頗有助益。

第七講論及共享。中國三十多年前按照鄧小平「讓一部分人先富起來」的策略發展，不但人均收入急升，而且低收入人士也獲益匪淺，但中國的貧富差距仍大，不能不補救。

教育一直都是幫助人民脫貧的主要工具，中國的教育在量的方面有了不少進步，能進入高等院校的新生從一九九七年的低於一百萬上升到二〇一四年的七百二十一萬人，但投放在教育的公共開支在二〇

一二年仍只佔GDP的百分之三・八，與世界先進國家的百分之五以上差距仍大，尚幸家庭內部對孩子的教育投資十分重視，問題才沒有太嚴重。第七講中談到教育是人民基本權利，其重要性僅次於生存權。與其把近乎GDP一半的資源投放在資本累積上，不如撥出一部分投資在人力資本之上，這樣對經濟增長及貧富差距的縮小都更有好處。

正如我一再提到的，本書內容豐富，涉及國家經濟社會發展多方面的環節，在一篇文章中不可能全部都論及。讀者若想對中國的發展戰略一窺全豹，讀一讀整本書是有益、有建設性的。若是只對某些領域感到興趣，例如綠色發展的前景等，只讀相關章節也無不可。

市場與政府的角色

經濟發展要講求找出動力。推動中國經濟增長最大的因素過去是資本的積累，但因為報酬遞減律的關係，這方面所能起的貢獻將會越來越低，持續的增長必要倚靠生產效率的不斷進步，書中的各章節其實都討論了不少如何改善生產力及效率的戰略，如城鎮化、科研、教育，綠色發展等等。不過，使用市場機制去配置資源，效率一般比官員甚至專家坐在辦公室裡作決定高得多，我們只要看看民營企業，從它們動用比國企更少的資源但卻可產出比國企更大的效益便可見一斑。政府自然也有它恰當的角色，例如，在一帶一路問題上若缺少了政府，很多事情恐怕便做不到了。本書中討論得比較少的卻正是政府與市場的關係，及如何利用市場競爭力量去推動經濟發展，提高生產力等等。

或許，讀者心中會有一個疑問：「十三五規劃」跟香港與台灣有何關係？

中國成為世界第二大經濟體後，香港與台灣所面對的政經環境也起了深刻的變化，內地經濟日漸形成為兩地發展的火車頭，未來中國要往何處去已是港台持份者所不能迴避的議題。「十三五規劃」是中

央政府總結了市場形勢後對中國當何去何從所作出的權威性解讀及政策制訂。我不認為港台持份者一定要認同中央的判斷，也不認為他們需要政府指引應如何掌握市場機會，但「十三五規劃」已成為中國客觀現實的一部份，深入了解之後顯然有助我們洞悉形勢，有利我們找新的發展機會。本書材料與數據豐富，港台讀者可憑著書中材料及自己獨立的思考迅速更新對當前中國經濟發展的認識，我想這正是本書對兩地讀者意義之所在了。

二〇一六年一月四日

雷鼎鳴

作者簡介

雷鼎鳴，現任香港科技大學經濟系教授，經濟發展研究中心主任，高等研究院學術委員會委員及清華大學中國與世界經濟研究中心客座研究員。著有《坐港觀天：從香港向外看經濟》、《民主民生的經濟解讀》、《幫香港算算賬》、《為港元危機斷症》、《用經濟學做眼睛》等十三部著作。

目　錄

■《建議》的板塊結構

■《建議》的總體框架

■習近平關於《建議》的說明

第一講　全面建成小康社會決勝階段的形勢和

　　　　指導思想 1

一、「十二五」時期中國發展取得重大成就 3

二、「十三五」時期中國發展環境的基本特徵 7

三、「十三五」時期中國發展的指導思想 12

四、如期實現全面建成小康社會奮鬥目標必須遵循的原則....14

第二講　「十三五」時期經濟社會發展的主要

　　　　目標和基本理念 19

一、全面建成小康社會新的目標要求 21

二、完善發展理念 29

第三講　堅持創新發展，著力提高發展品質和效益 33

一、培育發展新動力 35

二、擴展發展新空間 39

三、深入實施創新驅動發展戰略 46

四、大力推進農業現代化 53

五、構建產業新體系 58

六、構建發展新體制 62

七、創新和完善宏觀調控方式 70

第四講　堅持協調發展，著力形成平衡發展結構 73

一、推動區域協調發展 75

二、推動城鄉協調發展 79

三、推動物質文明和精神文明協調發展 83

四、推動經濟建設和國防建設融合發展 87

第五講　堅持綠色發展，著力改善生態環境 91

一、促進人與自然和諧共生 94

二、加快建設主體功能區 97

三、推動低碳循環發展 100

四、全面節約和高效利用資源 105

五、加大環境治理力度 109

六、築牢生態安全屏障 113

第六講　堅持開放發展，著力實現合作共贏 115

一、完善對外開放戰略佈局 117

二、形成對外開放新體制 120

三、推進「一帶一路」建設 123

　　四、深化內地和港澳、大陸和台灣地區合作發展 126

　　五、積極參與全球經濟治理 129

　　六、積極承擔國際責任和義務 131

第七講　堅持共享發展，著力增進人民福祉 133

　　一、增加公共服務供給 135

　　二、實施脫貧攻堅工程 138

　　三、提高教育品質 142

　　四、促進就業創業 147

　　五、縮小收入差距 152

　　六、建立更加公平更可持續的社會保障制度 155

　　七、推進健康中國建設 158

　　八、促進人口均衡發展 163

第八講　加強和改善中國共產黨的領導，為實現

　　　　「十三五規劃」提供堅強保證 167

　　一、完善中國共產黨領導經濟社會發展工作體制機制 169

　　二、動員民眾團結奮鬥 174

　　三、加快建設人才強國 176

　　四、運用法治思維和法治方式推動發展 178

　　五、加強和創新社會治理 180

　　六、確保「十三五規劃」《建議》的目標任務落到實處 184

《建議》的板塊結構

第一板塊

導語

第一部分　全面建成小康社會決勝階段
　　　　　的形勢和指導思想

第二部分　「十三五」時期經濟社會發展
　　　　　的主要目標和基本理念

第二板塊

第三部分　堅持創新發展，著力提高發展
　　　　　品質和效益

第四部分　堅持協調發展，著力形成平衡
　　　　　發展結構

第五部分　堅持綠色發展，著力改善生態
　　　　　環境

第六部分　堅持開放發展，著力實現合作
　　　　　共贏

第七部分　堅持共享發展，著力增進人民
　　　　　福祉

第三板塊

第八部分　加強和改善中國共產黨的
　　　　　領導，為實現「十三五規
　　　　　劃」提供堅強保證

結束語

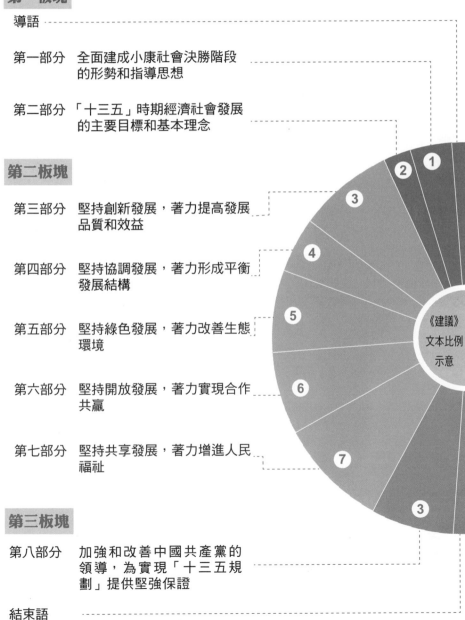

《建議》的總體框架

 約2.2萬字，分八個部分

第一部分 ▶ 全面建成小康社會決勝階段的形勢和指導思想

三個方面
- 「十二五」時期中國發展取得重大成就
- 「十三五」時期中國發展環境的基本特徵
- 「十三五」時期中國發展的指導思想

第二部分 ▶ 「十三五」時期經濟社會發展的主要目標和基本理念

二個方面
- 全面建成小康社會新的目標要求
- 完善發展理念

第三部分 ▶ 堅持創新發展，著力提高發展質量和效益

七個方面
- 培育發展新動力
- 拓展發展新空間
- 深入實施創新驅動發展戰略
- 大力推進農業現代化
- 構建產業新體系
- 構建發展新體制
- 創新和完善宏觀調控方式

第四部分 ▶ 堅持協調發展，著力形成平衡發展結構

四個方面
- 推動區域協調發展
- 推動城鄉協調發展
- 推動物質文明和精神文明協調發展
- 推動經濟建設和國防建設融合發展

第五部分 ▶ 堅持綠色發展，著力改善生態環境

六個方面

- 促進人與自然和諧共生
- 加快建設主體功能區
- 推動低碳循環發展
- 全面節約和高效利用資源
- 加大環境治理力度
- 築牢生態安全屏障

第六部分 ▶ 堅持開放發展，著力實現合作共贏

六個方面

- 完善對外開放戰略佈局
- 形成對外開放新體制
- 推進「一帶一路」建設
- 深化內地和港澳、大陸和台灣合作發展
- 積極參與全球經濟治理
- 積極承擔國際責任和義務

第七部分 ▶ 堅持共享發展，著力增進人民福祉

八個方面

- 增加公共服務供給
- 實施脫貧攻堅工程
- 提高教育質量
- 促進就業創業
- 縮小收入差距
- 建立更加公平更可持續的社會保障制度
- 推進健康中國建設
- 促進人口均衡發展

第八部分 ▶ 加強和改善黨的領導，為實現「十三五」規劃提供堅強保證

六個方面

- 完善黨領導經濟社會發展工作體制機制
- 動員人民群眾團結奮鬥
- 加快建設人才強國
- 運用法治思維和法治方式推動發展
- 加強和創新社會治理
- 確保「十三五」規劃建議的目標任務落到實處

習近平關於《建議》的說明

⊙ 建議稿起草過程

⊙ 建議稿的主要考慮和基本框架

⊙ 需要重點說明的幾個問題

1 經濟保持中高速增長

2 戶籍人口城鎮化率加快提高

3 中國現行標準下農村貧困人口實現脫貧、貧困縣全部摘帽、解決區域性整體貧困

4 實施一批國家重大科技專案和在重大創新領域組建一批國家實驗室

5 加強統籌協調，改革並完善適應現代金融市場發展的金融監管框架

6 實行能源和水資源消耗、建設用地等總量和強度雙控行動

7 探索實行耕地輪作休耕制度試點

8 實行省以下環保機構監測監察執法垂直管理制度

9 全面實施一對夫婦可生育兩個孩子政策

第一講

全面建成小康社會決勝階段的形勢和指導思想

一　「十二五」時期中國發展取得重大成就

二　「十三五」時期中國發展環境的基本特徵

三　「十三五」時期中國發展的指導思想

四　如期實現全面建成小康社會奮鬥目標必須遵循的原則

《建議》第一部分內容要點

1 「十二五」時期中國發展取得重大成就

- 經濟持續穩定增長，綜合國力顯著增強
- 公共服務體系基本建立，發展成果惠及人民
- 全面深化改革有力推進，對外開放縱深擴展
- 人民民主不斷擴大，依法治國開啟新征程
- 中國夢和社會主義核心價值觀深入人心，國家文化軟實力不斷增強
- 中國特色軍事變革成就顯著
- 全面從嚴治黨開創新局面
- 形成一系列治國理政新理念新思想新戰略

2 「十三五」時期中國發展環境的基本特徵

- 和平與發展的時代主題不變，同時全球經濟貿易增長乏力，外部環境不穩定不確定因素增多
- 中國經濟長期向好的（方向發展）基本面不變，同時發展不平衡、不協調、不可持續問題仍然突出

3 「十三五」時期中國發展的指導思想

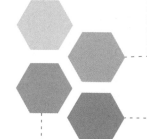

- 高舉中國特色社會主義旗幟
- 堅持全面建成小康社會、全面深化改革、全面依法治國、全面從嚴治黨的戰略佈局
- 堅持發展是第一要務
- 堅持穩中求進
- 確保如期全面建成小康社會

4 如期實現全面建成小康社會奮鬥目標必須遵循的原則

- 堅持人民主體地位
- 堅持科學發展
- 堅持深化改革
- 堅持依法治國
- 堅持統籌國內國際兩個大局
- 堅持共產黨的領導

到二〇二〇年全面建成小康社會，是中國共產黨確定的「兩個一百年」奮鬥目標的第一個百年奮鬥目標。「十三五」時期是全面建成小康社會決勝階段，「十三五規劃」必須緊緊圍繞實現這個奮鬥目標來制定。

一、「十二五」時期中國發展取得重大成就

《建議》指出，「十二五」時期是中國發展很不平凡的五年。面對錯綜複雜的國際環境和艱巨繁重的國內改革發展穩定任務，中國共產黨要團結帶領中國各族人民頑強拚搏、開拓創新，奮力開創國家事業發展新局面。

（一）中國妥善應對了國際金融危機持續影響等一系列重大風險挑戰，適應了經濟發展新常態，不斷創新宏觀調控方式，推動形成經濟結構優化、發展動力轉換、發展方式轉變加快的良好態勢。中國經濟總量穩居世界第二位，十三億多人口的人均國內生產總值增至七千八百美元左右。第三產業增加值佔國內生產總值比重超過第二產業，基礎設施水平全面躍升，農業連續增產，常住人口城鎮化率達到百分之五十五，一批重大科技成果達到世界先進水平。公共服務體系基本建立、覆蓋面持續擴大，新增就業持續增加，貧困人口大幅減少，生態文明建設取得新進展，人民生活水平和品質加快提高。全面深化改革有力推進，人民民主不斷擴大，依法治國開啟新征程。全方位外交取得重大進展，對外開放不斷深入，中國成為全球第一貨物貿易大國和主要對外投資大國。中華民族偉大復興的中國夢和社會主義核心價值觀深入人心，國家文化軟實力不斷增強。中國特色軍事變革成就顯著，強軍興軍邁出新步伐。全面從嚴治黨開創新局面，中國共產黨的群眾路線教育實踐活動成果豐碩，中國共產黨黨風廉政建設成

「十二五」時期中國經濟社會發展的輝煌成就（部分）

指標	2010 年	2014 年
經濟發展		
國內生產總值（萬億元）	40.9	63.6
人均 GDP（元）	30567	46629
服務業增加值比重（%）	43.2	48.2
城鎮化率（%）	47.5	54.8
科技教育		
九年義務教育鞏固率（%）	89.7	92.6
高中階段教育毛入學率（%）	82.5	86.5
研究與實驗發展經費支出佔國內生產總值比重（%）	1.75	2.1
每萬人口發明專利擁有量（件）	1.7	4.9
資源環境		
森林覆蓋率（%）	21.6	21.6
森林蓄積量（億立方公尺）	137	151.37
人民生活		
城鎮居民人均可支配收入（元）	19109	28844
農村居民人均純收入（元）	5919	9892
城鎮登記失業率（%）	4.1	4.1
城鎮新增就業人數（萬人）	1168	1070
城鎮參加基本養老保險人數（萬人）	205707	34115
參加新型農村合作醫療人數（億人）	8.4	7.36

資料來源：《中華人民共和國國民經濟和社會發展第十二個五年（二〇一一至二〇一五年）規劃綱要》、中國國家統計局網站

效顯著，贏得了黨心民心。「十二五」規劃目標即將勝利實現，中國經濟實力、科技實力、國防實力、國際影響力又上了一個大台階。

一是中國增長速度領先全球主要經濟體。「十二五」前四年，中國國內生產總值（GDP）年均增長百分之八，GDP總量增長到六十三兆六千億元。從總體上看，國際金融危機後中國經濟增長速度從二〇〇一至二〇〇七年的年均百分之十·八下降到二〇〇八至二〇一四年的年均百分之八·八，雖然速度看起來比以前有所放緩，但這是在很高基數基礎上實現的增長，而且是品質效益穩步提高的增長。同時，與其他主要經濟體比較，中國仍然處於絕對領先者地位。

2006—2014年中國國內生產總值（GDP）絕對值及增速

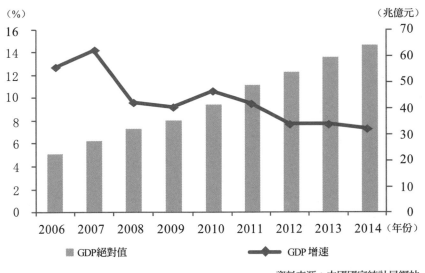

資料來源：中國國家統計局網站

二是經濟結構逐步優化升級。「十二五」以來特別是中國共產黨十八大以來，中國經濟增長的要素投入結構、需求結構、供給結構持續優化，逐步向中高端水平邁進。從要素結構上看，中國以前主要依靠勞動力數量和資本存量增長來驅動經濟增長，轉變為在勞動力數量

減少的前提下，主要依靠科學技術和人力資本增長來驅動經濟增長。二〇一四年，科技進步對增長的貢獻率提高到了百分之五十三‧一。

從需求結構上看，中國以前主要依靠投資需求來拉動經濟增長，轉變為主要依靠消費需求來拉動經濟增長。二〇一四年，消費率提高到了百分之五十一‧二，消費需求對增長的貢獻率提高到了百分之五十‧二。從供給結構上看，中國以前主要依靠第二產業發展來促進經濟增長，轉變為主要依靠服務業發展來促進經濟增長。二〇一四年，中國服務業對增長的貢獻率提高到了百分之四十八‧九。從城鄉區域結構上看，城鄉間、區域間的經濟發展差距正在逐步縮小。

三是中國綜合國力穩居全球第一。「十二五」以來，中國綜合國力大幅度增強，在世界經濟體系中的影響力持續提高。從經濟實力上看，二〇一四年中國GDP總量為十兆四千億美元，佔全球比例為百分之十三‧四，牢牢佔據世界第二位。從中國產業競爭力上看，二〇一四年中國製造業產值佔全球製造業產值份額上升至百分之二十五，自二〇一〇年起穩居世界第一製造大國之位；在世界五百種主要工業品中，兩百二十種產品產量位居世界第一位。從中國科技實力上看，科技經費投入規模位居世界第二位，科技人員規模位居世界第一位。從設施上看，中國高速鐵路營業里程和通車里程、4G網路規模、網路用戶規模均位居世界第一位。從國際競爭力上看，中國貨物貿易進出口總額自二〇一三年起穩居世界第一位，二〇一四年使用外商直接投資規模首次位居世界第一位，對外直接投資規模自二〇一二年起穩居世界第三位，與美國、日本的差距逐漸縮小。

(二)十八大以來，以習近平為總書記的中國共產黨毫不動搖堅持和發展中國特色社會主義，勇於實踐、善於創新，深化對執政規律、社會主義建設規律、人類社會發展規律的認識，形成一系列治國理政新理念新思想新戰略，為在新的歷史條件下深化改革開放、加快推進

社會主義現代化提供了科學理論指導和行動指南。

　　中國一系列治國理政新理念新思想新戰略的核心，就是總書記習近平提出的「四個全面」理論，即「全面建成小康社會、全面深化改革、全面依法治國、全面從嚴治黨」。該理論是「治國理政方略與時俱進的新創造、馬克思主義與中國實踐相結合的新飛躍」，表明以習近平為總書記的新一屆中共中央領導集體執政理念已經具備成為「理論標誌」的條件，是中國新一屆領導集體對已提出的「中國夢」「兩個一百年目標」「新常態」「反腐倡廉」「三嚴三實」等一系列新概念的發展和高度概括。

二、「十三五」時期中國發展環境的基本特徵

　　《建議》指出，和平與發展的時代主題沒有變，世界多極化、經濟全球化、文化多樣化、社會資訊化深入發展，世界經濟在深度調整中曲折復甦，新一輪科技革命和產業變革蓄勢待發，全球治理體系深刻變革，發展中國家群體力量繼續增強，國際力量對比逐步趨向平衡。同時，國際金融危機深層次影響在相當長時期依然存在，全球經濟貿易增長乏力，保護主義抬頭，地緣政治關係複雜變化，傳統安全威脅和非傳統安全威脅交織，外部環境不穩定不確定因素增多。

　　(一)中國發展環境的基本特徵可以概括為以下幾個方面。一是處於經濟轉型升級期。「十三五」時期，經濟發展進入新常態，從高速增長轉向中高速增長，中國國內生產總值年平均增長率在百分之七至百分之八之間，經濟增長預期指標可以確定為百分之七左右。與此同時，中國經濟進入大轉型時期，全面提質增效轉型升級，經濟發展方式正從規模速度型粗放增長轉向品質效率型集約增長，經濟結構正從增量擴能為主轉向調整存量、做優增量並存的深度調整，經濟發展動

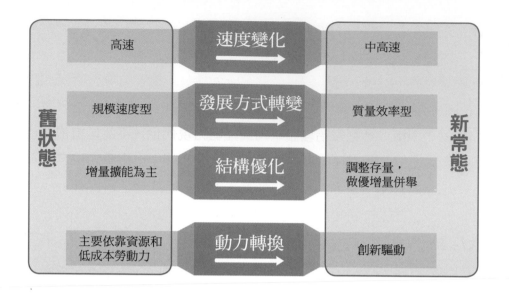

舊狀態		新常態
高速	速度變化 →	中高速
規模速度型	發展方式轉變 →	質量效率型
增量擴能為主	結構優化 →	調整存量，做優增量併舉
主要依靠資源和低成本勞動力	動力轉換 →	創新驅動

力正從傳統增長點轉向新的增長點。

二是中國處於城鎮化深入發展期。「十三五」時期，中國城鎮化建設將持續快速發展，成為保持經濟持續健康發展的強大引擎，也是中國擴大內需的最大潛力。到「十三五」末期，全中國常住人口城鎮化率達到百分之六十左右，戶籍人口城鎮化率達到百分之四十五左右，還有一億左右農業轉移人口和其他常住人口在城鎮落戶。

三是中國邁向高收入的富裕型發展階段。「十三五」時期，中國將全面建成小康社會。從人均國民總收入看，正處於從世界上中等收入水平向高收入水平過渡階段。從城鄉居民消費結構看，城鄉居民恩格爾係數持續下降且進一步趨同，已經屬於國際公認的富裕型消費結構，其中城鎮居民家庭恩格爾係數將達到百分之三十左右，屬於更加富裕消費結構。

四是中國進入世界高人類發展水平階段。「十三五」時期，中國人類發展水平繼續提高，基本公共服務均等化程度和絕對水平穩步提高，經濟社會發展成就更充分體現以人為本思想，更充分轉化為人類生活需求的更充分保障與發展需求的更大滿足。到二〇二〇年，中國

HDI指數將達到〇‧七六，屬於高人類發展水平組中HDI較高國家。

五是中國全面深化改革進入攻堅期。「十三五」時期是中國改革的攻堅期和深水區，要通過全面深化改革，著力解決中國發展面臨的一系列突出矛盾和問題，不斷推進中國特色社會主義制度自我完善和發展，不斷推進國家治理體系和治理能力現代化，不斷推進依法治國，全面落實中國共產黨的十八屆三中全會和四中全會重大決定。

六是中國進入生態盈餘增長期和環境污染與治理相持期。經過「十一五」「十二五」時期大規模的生態環境投資建設，「十三五」時期環境保護綜合效益將逐步顯現，主要資源環境指標變化明顯向好的方向發展，人居環境品質普遍提升，生態盈餘存量增加顯著，但總體上中國仍處於環境破壞與保護、污染與治理相持時期。

七是中國與世界關係進入深刻變動時期。到「十三五」末期，中國政治經濟全球影響力進一步提升，國際話語權和地區事務主導能力也進一步提高，國家軟實力進一步增強，發展模式、文化產品等國際認同程度明顯提高。

(二)未來中國全面建成小康社會的戰略機遇主要有以下幾方面。

一是新一輪全球技術革命正在醞釀和突破帶來新機遇。這一輪新的全球技術革命主要體現在資訊科技、新能源技術、智能製造技術等領域，新技術的發展和應用會帶給中國很多新的產業發展機遇。

二是全面改革深入推進帶來新機遇。十八屆三中全會之後，中國進入全面改革新時代，改革要在經濟、政治、文化、社會、生態、黨建六個領域全面展開。所有改革都意味著各主體之間責任權利關係的調整，這也會帶給中國很多新的機遇。

三是消費結構繼續升級帶來新機遇。中國過去三十多年逐步滿足了吃、穿、住、行、用五大基本需求，目前，消費結構正在向「學樂康安美」新五大需求方向升級。新五大需求分別是學習需求、快樂需

求、健康需求、安全需求、美麗需求，其比重正在不斷提高過程中，這為中國發展與其相適應的很多新產業帶來了新機遇。

四是工業化進入新階段帶來新機遇。工業化分為前期、中期、後期階段，目前中國工業化已經進入中後期階段，即知識和技術密集型重化工業與生產性服務業交融發展的階段。工業化進入新階段，為中國發展與工業化進程相適應的新產業帶來了新機遇。

五是城鎮化進入新階段帶來新機遇。中國「十三五」期間是快速推進新型城鎮化的階段。這個階段不像中國過去那樣主要發展住宅和商業地產等，而是按照人本城鎮化、市場城鎮化、協調城鎮化、特色城鎮化、集群城鎮化、綠色城鎮化、智慧城鎮化、品質城鎮化、人文城鎮化的要求，推進新型城鎮化。新型城鎮化中也蘊藏著很多新的機會。

六是中國區域經濟一體化快速推進帶來新機遇。區域經濟一體化意味著區域內部不同城市、不同地區分工協作加深，可以大大提高效率和實現區域之間的共贏，可以為中國帶來很多機遇。

（三）未來中國經濟社會健康發展也面臨著國際環境的嚴峻挑戰。

一是全球總需求形勢總體偏緊，已開發國家和開發中國家都面臨增長壓力。消費形勢的變化，使得這期間供求壓力總體較大。新興市場如中國的超常規增長已接近尾聲，供求之間形成供大於求的預期會越來越強。傳統形態的產業面臨長期過剩。國際金融危機後的調整顯示，已開發經濟體的結構調整任務也非常艱巨。

二是全球面臨去泡沫、去槓桿、去過剩產能的壓力。首先是已開發國家去泡沫可能會發生在未來五年。其次是去槓桿。目前債務槓桿高企，隨著貨幣的放鬆，債務槓桿加大到一定程度就會達到極限，已開發國家、開發中國家的債券市場可能會出現劇烈波動。再次是去過剩產能。由於全球智慧化、資訊化的崛起，傳統產業的產能需要消化。

三是已開發國家經濟再平衡帶來較大挑戰。美國等已開發國家加

大製造業向本土回歸的力度，帶動全球總工業出現結構性變化，即工業生產中美國佔比增加。未來五年這一趨勢還會延續，將給其他國家如中國等帶來很大挑戰。同時，近年來美國經濟的復甦對全球貿易的正向拉動減弱。美國經濟較快復甦，但進口貿易增速在下降。

　　四是世界經濟繼續走向分化。政策上的分化既存在於已開發國家之間，也存在於已開發國家和開發中國家之間，政策的不一致性會延長世界經濟當前的緊縮格局。經濟增長的分化表現為美國較快增長但其他已開發國家整體低迷，新興經濟體如中國增速放緩。中國的外部

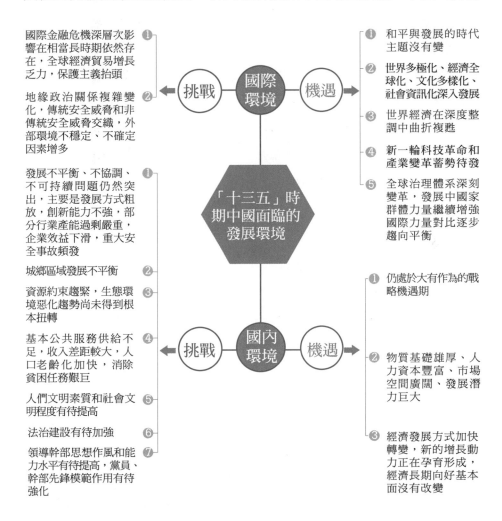

國際環境

挑戰
❶ 國際金融危機深層次影響在相當長時期依然存在，全球經濟貿易增長乏力，保護主義抬頭

❷ 地緣政治關係複雜變化，傳統安全威脅和非傳統安全威脅交織，外部環境不穩定、不確定因素增多

機遇
❶ 和平與發展的時代主題沒有變

❷ 世界多極化、經濟全球化、文化多樣化、社會資訊化深入發展

❸ 世界經濟在深度整調中曲折複甦

❹ 新一輪科技革命和產業變革蓄勢待發

❺ 全球治理體系深刻變革，發展中國家群體力量繼續增強國際力量對比逐步趨向平衡

「十三五」時期中國面臨的發展環境

國內環境

挑戰
❶ 發展不平衡、不協調、不可持續問題仍然突出，主要是發展方式粗放，創新能力不強，部分行業產能過剩嚴重，企業效益下滑，重大安全事故頻發

❷ 城鄉區域發展不平衡

❸ 資源約束趨緊，生態環境惡化趨勢尚未得到根本扭轉

❹ 基本公共服務供給不足，收入差距較大，人口老齡化加快，消除貧困任務艱巨

❺ 人們文明素質和社會文明程度有待提高

❻ 法治建設有待加強

❼ 領導幹部思想作風和能力水平有待提高，黨員、幹部先鋒模範作用有待強化

機遇
❶ 仍處於大有作為的戰略機遇期

❷ 物質基礎雄厚、人力資本豐富、市場空間廣闊、發展潛力巨大

❸ 經濟發展方式加快轉變，新的增長動力正在孕育形成，經濟長期向好基本面沒有改變

市場面臨著諸多不確定性。

　　綜合判斷，中國發展仍處於可以大有作為的重要戰略機遇期，也面臨諸多矛盾疊加、風險隱患增多的嚴峻挑戰。中國須準確把握戰略機遇期內涵的深刻變化，更加有效地應對各種風險和挑戰，繼續集中力量把自己的事情辦好，不斷開拓發展新境界。

三、「十三五」時期中國發展的指導思想

　　《建議》指出，「十三五」時期中國發展的指導思想是：高舉中國特色社會主義旗幟，全面貫徹十八大和十八屆三中、四中全會精神，以馬克思列寧主義、毛澤東思想、鄧小平理論、「三個代表」重要思想、科學發展觀為指導，深入貫徹習近平總書記系列重要講話精神，堅持全面建成小康社會、全面深化改革、全面依法治國、全面從嚴治黨的戰略佈局，堅持發展是第一要務，以提高發展品質和效益為中心，加快形成引領經濟發展新常態的體制機制和發展方式，保持戰略定力，堅持穩中求進，統籌推進經濟建設、政治建設、文化建設、社會建設、生態文明建設和黨的建設，確保如期全面建成小康社會，為實現第二個百年奮鬥目標、實現中華民族偉大復興的中國夢奠定更加堅實的基礎。

　　「一個旗幟、三個堅持和一個明確」，是中國對「十三五」時期發展指導思想的簡明概括。

　　(一)「一個旗幟」，是指高舉中國特色社會主義旗幟。這個旗幟最新的表述是，全面貫徹十八大和十八屆三中、四中全會精神，以馬克思列寧主義、毛澤東思想、鄧小平理論、「三個代表」重要思想、科學發展觀為指導，深入貫徹習近平系列重要講話精神。

　　深入貫徹習近平總書記系列重要講話精神是高舉中國特色社會主

義旗幟的最新發展，主要內容包括「一個中心、兩個基本點」。「一個中心」即實現中國夢，「兩個基本點」即全面深化改革和堅持群眾路線。十八屆四中全會首次將「深入貫徹習近平系列重要講話精神」寫入中國共產黨的文件中。這個系列重要講話是一個不斷發展的、開放的理論體系，學習貫徹講話精神也是中共一個持續推進、逐步深化的過程。

（二）「三個堅持」。一是中國堅持全面建成小康社會、全面深化改革、全面依法治國、全面從嚴治黨的戰略佈局。「四個全面」戰略佈局是習近平治國理政大思路和大藍圖的重要組成部分，是新一屆中央領導集體最具標誌性的思想理論符號，具有極為重大的理論和現實意義。二是中國堅持發展是第一要務，以提高發展品質和效益為中心，加快形成引領經濟發展新常態的體制機制和發展方式，保持戰略定力。適應新常態、把握新常態、引領新常態，以發展理念轉變引領發展方式轉變，以發展方式轉變推動發展品質和效益提升，是全面建成小康社會的關鍵鎖鑰，是實現第一個百年奮鬥目標的必經之路。三是中國堅持穩中求進，統籌推進經濟建設、政治建設、文化建設、社會建設、生態文明建設和中國共產黨的建設。中國共產黨的十八大報告對推進中國特色社會主義事業作出「五位一體」總體佈局，中國共產黨的十八屆五中全會增加了黨的建設，形成「六位一體」的新提法，進一步完善和豐富了中國全面建成小康社會、實現社會主義現代化和中華民族偉大復興中國夢的內涵和任務。

（三）「一個明確」，即確保中國如期全面建成小康社會，為實現第二個百年奮鬥目標、實現中華民族偉大復興的中國夢奠定更加堅實的基礎。全面建設小康社會，是十六大報告中明確提出的新目標，十八大報告首次提出全面「建成」小康社會，十八屆五中全會建議按

「六位一體」總體佈局

照新的「六位一體」建設總要求，提出了經濟發展和工業化城鎮化、農業現代化與扶貧、國民素質和文明程度、生態環境以及體制機制等方面的新的目標體系，進一步提高了中國全面建成小康社會目標體系的全面性、綜合性和針對性。

四、如期實現全面建成小康社會奮鬥目標必須遵循的原則

中國要如期實現全面建成小康社會奮鬥目標，推動經濟社會持續健康發展，必須遵循以下原則。

（一）堅持人民主體地位。人民是推動發展的根本力量，實現好、維護好、發展好全國人民根本利益是發展的根本目的。必須堅持以人民為中心的發展思想，把增進人民福祉、促進人的全面發展作為發展

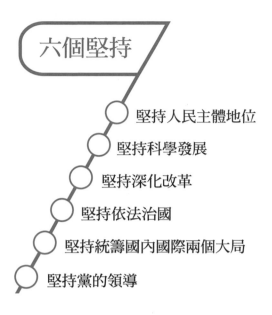

六個堅持

- 堅持人民主體地位
- 堅持科學發展
- 堅持深化改革
- 堅持依法治國
- 堅持統籌國內國際兩個大局
- 堅持黨的領導

的出發點和落腳點，發展人民民主，維護社會公平正義，保障人民平等參與、平等發展權利，充分激發人民積極性、主動性、創造性。

習近平指出，要堅持中國共產黨的群眾路線，堅持人民主體地位，時刻把群眾安危冷暖放在心上，及時準確瞭解群眾所思、所盼、所憂、所急，把群眾工作做實、做深、做細、做透。做實，要求著力解決民眾最關心最直接最現實的利益問題，切實把實現好、維護好、發展好最廣大人民的根本利益作為群眾工作的出發點和落腳點；做深，要求需適應新時期群眾工作的對象更加多樣化、內容更加豐富化、環境更加複雜化的特點，不斷深化群眾工作；做細，要求樹立「群眾工作無小事」意識，凡是涉及群眾切身利益和實際困難的問題，再小也要竭力去辦，切實做到民有所呼、我有所應，民有所疑、我有所答，民有所需、我有所為；做透，要求提高做好群眾工作的針對性，增強感染力。

(二)堅持科學發展。發展是硬道理，發展必須是科學發展。中國仍處於並將長期處於社會主義初級階段，基本國情和社會主要矛盾沒

有變，這是謀劃發展的基本依據。必須堅持以經濟建設為中心，從實際出發，把握發展新特徵，加大結構性改革力度，加快轉變經濟發展方式，實現更高品質、更有效率、更加公平、更可持續的發展。

科學發展觀要求堅持以人為本，樹立全面、協調、可持續的發展觀，促進經濟社會和人的全面發展，按照統籌城鄉發展、統籌區域發展、統籌經濟社會發展、統籌人與自然和諧發展、統籌國內發展和對外開放的要求推進各項事業的改革和發展。科學發展觀要求立足社會主義初級階段基本國情，總結中國發展實踐，借鑒國外發展經驗，適應新的發展要求。科學發展觀要求我們必須始終保持清醒頭腦，立足社會主義初級階段這個最大的實際，科學分析，深刻把握中國發展面臨的新課題新矛盾，更加自覺地走科學發展道路，奮力開拓中國特色社會主義更為廣闊的發展前景。

(三)堅持深化改革。改革是發展的強大動力。必須按照完善和發展中國特色社會主義制度、推進國家治理體系和治理能力現代化的總目標，健全使市場在資源配置中起決定性作用和更好發揮政府作用的制度體系，以經濟體制改革為重點，加快完善各方面體制機制，破除一切不利於科學發展的體制機制障礙，為發展提供持續動力。

十八屆三中全會突破性地提出「全面深化改革」的全新主張。習近平指出：「從形成更加成熟更加定型的制度看，中國社會主義實踐的前半程已經走過了，前半程中國的主要歷史任務是建立社會主義基本制度，並在這個基礎上進行改革，現在已經有了很好的基礎。後半程，中國的主要歷史任務是完善和發展中國特色社會主義制度，為黨和國家事業發展、為人民幸福安康、為社會和諧穩定、為國家長治久安提供一整套更完備、更穩定、更管用的制度體系」。習近平「兩個半程」的論述具有深邃的歷史和戰略眼光，闡明了建立更完備、更穩定、更管用的制度體系這一改革新的歷史任務和長遠戰略目標，明確了全面深化改革的歷史方位。

(四)堅持依法治國。法治是發展的可靠保障。必須堅定不移走中國特色社會主義法治道路，加快建設中國特色社會主義法治體系，建設社會主義法治國家，推進科學立法、嚴格執法、公正司法、全民守法，加快建設法治經濟和法治社會，把經濟社會發展納入法治軌道。

十八屆四中全會首次把依法治國作為主題，明確全面推進依法治國，建設中國特色社會主義法治體系，建設社會主義法治國家。要完善立法規劃，突出立法重點，堅持立改廢並舉，提高立法科學化、民主化水平，提高法律的針對性、及時性、系統性。要完善立法工作機制和程序，擴大公眾有序參與，充分聽取各方面意見，使法律準確反映經濟社會發展要求，可良善地協調利益關係，發揮立法的引領和推動作用。要加強憲法和法律實施，維護社會主義法制的統一、尊嚴、權威，形成人們不願違法、不能違法、不敢違法的法治環境，做到有法必依、執法必嚴、違法必究。政府要努力讓人民在每一個司法案件中都感受到公平正義，所有司法機關都要緊緊圍繞這個目標來改進工作，重點解決影響司法公正和制約司法能力的深層次問題。任何組織或者個人都必須在憲法和法律範圍內活動，任何公民、社會組織和國家機關都要以憲法和法律為行為準則，依照憲法和法律行使權利或權力、履行義務或職責。

(五)堅持統籌國內國際兩個大局。全方位對外開放是發展的必然要求。必須堅持打開國門搞建設，既立足國內，充分運用中國資源、市場、制度等優勢，又重視國內國際經濟聯動效應，積極應對外部環境變化，善加利用兩個市場、兩種資源，推動互利共贏、共同發展。

中國已經進入實現中華民族偉大復興的關鍵階段，中國與世界的關係在發生深刻變化，中國與國際社會的互聯互動也已變得空前緊密，中國對世界的依靠、對國際事務的參與在不斷加深，世界對中國

的依靠、對中國的影響也在不斷加深。觀察和規劃改革發展，中國必須統籌考慮和綜合運用國際國內兩個市場、國際國內兩種資源、國際國內兩類規則。

（六）堅持中國共產黨的領導。中國共產黨的領導是中國特色社會主義制度的最大優勢，是實現經濟社會持續健康發展的根本政治保證。必須貫徹全面從嚴治黨要求，不斷增強黨的創造力、凝聚力、戰鬥力，不斷提高黨的執政能力和執政水平，確保中國發展航船沿著正確航道破浪前進。

《建議》提出了中國全面建成小康社會新的目標要求，為了實現新的目標，中國必須堅定樹立創新、協調、綠色、開放、共享的發展理念。

 深度解析

十八屆五中全會描繪了未來五年中國發展的藍圖，在發展理念、發展舉措、發展體制上有一系列重大突破，必將對堅持和發展中國特色社會主義產生重大而深遠的影響。理解十八屆五中全會精神，可以從以下三個方面入手：一是要認識中國以習近平為總書記的中國共產黨治國理政的新理念、新思想、新戰略；二是要認識中國發展環境的新變化，增強機遇意識、改革意識和責任意識；三是要認識中國創新、協調、綠色、開放、共享的發展理念、豐富內涵和實踐要求。

第二講

「十三五」時期經濟社會發展的主要目標和基本理念

一 全面建成小康社會新的目標要求

二 完善發展理念

《建議》第二部分內容要點

1 全面建成小康社會新的目標要求

- 經濟保持中高速增長
- 人民生活水平和品質普遍提高
- 國民素質和社會文明程度顯著提高
- 生態環境品質總體改善
- 各方面制度更加成熟更加定型

2 完善發展理念

- 創新是引領發展的第一動力
- 協調是持續健康發展的內在要求
- 綠色是永續發展的必要條件和人民對美好生活追求的重要體現
- 開放是國家繁榮發展的必由之路
- 共享是中國特色社會主義的本質要求

《建議》提出了全面建成小康社會新的目標要求，為了實現新的目標，必須堅定樹立創新、協調、綠色、開放、共享的發展理念。

一、全面建成小康社會新的目標要求

　　《建議》指出，十六大提出全面建成小康社會奮鬥目標以來，中國各族人民接續奮鬥，各項事業取得重大進展。今後五年，要在已經確定的全面建成小康社會目標要求的基礎上，努力實現以下新的目標要求，即經濟保持中高速增長、人民生活水平和品質普遍提高、國民素質和社會文明程度顯著提高、生態環境品質總體改善、各方面制度更加成熟更加定型。

　　中國這個新目標的特點是「全」，涉及經濟、政治、社會、文化和生態五方面的發展；難點是「扶貧」，即實現貧困人口的小康生活。

5大發展目標

經濟保持中高速增長

人民生活水準和品質普遍提高

各方面制度更加成熟更加定型

國民素質和社會文明程度顯著提高

生態環境品質總體改善

（一）經濟保持中高速增長。在提高發展平衡性、包容性、可持續性的基礎上，到二〇二〇年中國國內生產總值和城鄉居民人均收入比二〇一〇年增加一倍。主要經濟指標平衡協調，發展空間格局得到優化，投資效率和企業效率明顯上升，工業化和資訊化融合發展水平進一步提高，產業邁向中高端水平，先進製造業加快發展，新產業新業態不斷成長，服務業比重進一步上升，消費對經濟增長貢獻明顯加大。戶籍人口城鎮化率加快提高。農業現代化取得明顯進展。邁進創新型國家和人才強國行列。

「十三五」時期，中國年均經濟增速需要達到百分之六‧五。中國經濟發展仍有巨大潛力、餘地和韌性，在較長時期實現經濟中高速增長有多方面的有利因素。中國居民儲蓄率顯著高於世界上大多數國家，人力資本和科技創新對經濟增長的貢獻率逐步提高，具有資金、勞動、科技等生產要素組合的綜合優勢。中國產業升級的空間大，即使一些行業產能出現過剩，仍可投資於高端製造業。擴展地區發展將成為經濟保持中高速增長的新引擎。一方面，中國地域廣闊，廣大中

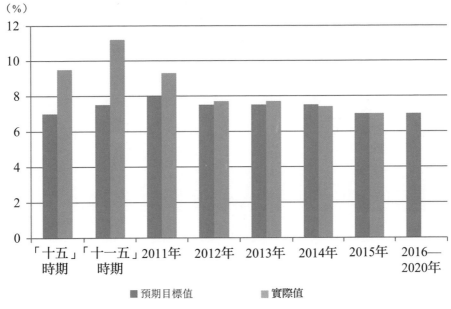

中國經濟增長率預期目標與實際值（2001—2020年）

資料來源：胡鞍鋼等《中國：「十三五」大戰略》

西部地區經濟發展還有很大空間；另一方面，中國城鄉差距較大，目前統計的城鎮化率只有百分之五十五，新型城鎮化不僅可以破解中國的城鄉二元結構、促進農業現代化、提高農民生產和收入水平，而且有助於擴大消費、拉動投資、催生新興產業，釋放更大的內需潛力。隨著中國改革開放、轉型升級等新動力的不斷增強，中國經濟也將因此而擴展出新空間，實現「十三五」期間中國經濟保持中高速增長奠定堅實的基礎。

 深度解析

　　中國未來發展具有巨大潛力，主要表現在以下方面：一是人力資本紅利正逐步形成並將持續釋放。二是城鎮化及其所帶來的消費擴張和基礎設施改善的潛力和空間巨大。三是產業升級打造的「雙引擎」動力強勁，後勁十足。四是地區間梯度轉移和升級為中國的區域發展和經濟增長提供了廣闊的迴旋空間。五是市場規模潛力巨大。六是蓬勃發展的對外投資為再造數個海外中國展現了全新的空間。

　　(二)人民生活水平和品質普遍提高。就業比較充分，就業、教育、文化、社保、醫療、住房等公共服務體系更加健全，基本公共服務均等化水平穩步提高。教育現代化取得重要進展，勞動年齡人口受教育年限明顯增加。收入差距縮小，中等收入人口比重上升。中國現行標準下農村貧困人口實現脫貧，貧困縣全部摘帽，解決區域性整體貧困。

　　提高人民生活水平和品質是經濟社會發展的出發點。要切實關心民眾的生產生活，擴大社會就業，增加居民收入，完善社會保障，讓人民享受到發展的成果。就業是民生之本，要把擴大就業作為經濟社

會發展的優先目標，統籌城鄉就業，實行積極的就業政策。健全社會保障，按照城鄉統籌、因地制宜、保障標準與承受能力相適應、權利與義務相匹配的原則，加快發展社會保障事業。合理調節收入分配，深化收入分配體制改革，優化收入分配調節機制，確保城鄉居民公平地享受到經濟社會發展的成果。

 Q&A

問：「十三五」時期中國如何擺脫貧困陷阱？

答：按照發展經濟學理論，貧困陷阱是指由於經濟中存在惡性循環，而使發展中國家陷於貧困落後之中難以擺脫。貧困陷阱可分為兩種——技術陷阱和人口陷阱：因為貧窮，許多人享受不到良好的教育，引起人力資本的退化；因為缺少物質資本的投入，許多向上發展的機會缺失。如何使七千多萬貧困人口脫貧是中國未來五年的重要考驗。《建議》中明確提出，要按照人人參與、人人盡力、人人享有的要求，堅守底線、突出重點、完善制度、引導預期，注重機會公平，保障基本民生，實現全體人民共同邁入全面小康社會。同時強調，「實施精準扶貧、精準脫貧」，「探索對貧困人口實行資產收益扶持制度」。

（三）國民素質和社會文明程度顯著提高。中國夢和社會主義核心價值觀更加深入人心，愛國主義、集體主義、社會主義思想廣泛弘揚，向上向善、誠信互助的社會風尚更加濃厚，人民思想道德素質、科學文化素質、健康素質明顯提高，全社會法治意識不斷增強。公共文化服務體系基本建成，文化產業成為國民經濟支柱性產業。中華文化影響持續擴大。

Q&A

問：什麼是公共文化服務體系？

答：《建議》中所謂的公共文化服務體系是指面向大眾的公益性的文化服務體系，主要包括先進文化理論研究服務體系、文藝精品創作服務體系、文化知識傳授服務體系、文化傳播服務體系、文化娛樂服務體系、文化傳承服務體系、農村文化服務體系七個方面。其中，先進文化理論研究服務體系在公共文化服務體系中具有引導性意義。

中國夢的基本內涵是中國人民實現國家富強、民族振興、人民幸福的夢，包含著全面建成小康社會的目標，也包含著建設社會主義現代化國家的目標，還包含著實現中華民族偉大復興的目標。十八大提出，倡導富強、民主、文明、和諧，倡導自由、平等、公正、法治，倡導愛國、敬業、誠信、友善，積極培育和踐行社會主義核心價值觀。其中，富強、民主、文明、和諧是國家層面的價值目標；自由、平等、公正、法治是社會層面的價值取向；愛國、敬業、誠信、友善是公民個人層面的價值準則。

文化產業是市場經濟條件下繁榮發展社會主義文化的重要載體，《建議》中重點文化產業主要包括文化創意、影視製作、出版發行、印刷複製、廣告、演藝娛樂、文化會展、數位內容和動漫等。中華文化是指以春秋戰國諸子百家為基礎不斷演化發展而成的中國特有文化。將中華優秀文化推向世界，有利於擴大中華文化在國際上的吸引力和影響力，提高中國文化競爭力，增強中國的綜合國力。

(四)生態環境品質總體改善。生產方式和生活方式綠色、低碳水

平上升。能源資源開發利用效率大幅提高,能源和水資源消耗、建設用地、碳排放總量得到有效控制,主要污染物排放總量大幅減少。主體功能區佈局和生態安全屏障基本形成。

 深度解析

二〇一一年中國國家全國林業廳局長會議提出,要建設中國東北森林屏障、北方防風固沙屏障、東部沿海防護林屏障、西部高原生態屏障、長江流域生態屏障、黃河流域生態屏障、珠江流域生態屏障、中小河流及庫區生態屏障、平原農區生態屏障和城市森林生態屏障等十大國土生態安全屏障。

生態環境品質是指生態環境的優劣程度,它以生態學理論為基礎,在特定的時間和空間範圍內,從生態系統層次上反映生態環境對人類生存及社會經濟持續發展的適宜程度,是根據人類的具體要求對生態環境的性質及變化狀態的結果進行評定。綠色是指生產方式和生活方式的環保、健康、安全與節省;低碳是指生產方式和生活方式所耗用的能量要盡量減少,從而降低碳、特別是二氧化碳的排放量。《建議》提出須加快建設科學合理的能源資源利用體系,提高能源資源利用效率,堅持減量化、再利用、資源化,加強節能、節水、節地、節材、資源綜合利用,藉由加快產業結構調整,推進技術進步,加強法制建設,完善政策措施,強化節約意識,建立長效機制,形成節約型的增長方式和消費方式,促進中國經濟社會全面協調可持續發展。

(五)各方面制度更加成熟更加定型。國家治理體系和治理能力現代化取得重大進展,各領域基礎性制度體系基本形成。人民民主更加健全,法治政府基本建成,司法公信力明顯提高。人權得到切實保

障，產權得到有效保護。開放型經濟新體制基本形成。中國特色現代軍事體系更加完善。中國共產黨的建設制度化水平顯著提高。

習近平指出：「推進國家治理體系和治理能力現代化，就是要適應時代變化，既改革不適應實踐發展要求的體制機制、法律法規，又不斷構建新的體制機制、法律法規，使各方面制度更加科學、更加完善，實現國家、社會各項事務治理制度化、規範化、程序化。要更加注重治理能力建設，增強按制度辦事、依法行政意識，善於運用制度和法律治理國家，把各方面制度優勢轉化為管理國家的效能，提高科學執政、民主執政、依法執政水平。」

《建議》中所指人民民主更加健全，是指擴大人民民主，健全民主制度，豐富民主形式，擴寬民主渠道，依法實行民主選舉、民主決策、民主管理、民主監督，保障人民的知情權、參與權、表達權、監督權；法治政府基本建成，是指基本建成由人民組成、由人民管理、為人民服務的政府，政府始終處在人民的監督、管理之下，依照人民的意志和利益辦事，對人民負責，保障人民利益；司法公信力明顯提高，是指提高司法機關依法行使司法權的水平和能力，提高民眾對裁判過程和裁判結果的信賴、尊重與認同程度，以維護社會正義感和遵紀守法意識。人權得到切實保障，是指把人民的生存權、發展權放在首位，努力促進經濟、社會和文化權利與公民政治權利的全面協調發展；產權得到有效保護，是指依法提高公民、組織和法人的各類財產所有權、佔有權、支配權、使用權、收益權和處置權的保護水平；開放型經濟新體制基本形成，則要求積極探索對外經濟合作新模式、新路徑、新體制，總體目標是加快培育國際合作和競爭新優勢，更加積極地促進內需和外需平衡、進口和出口平衡、引進外資和對外投資平衡，逐步實現國際收支基本平衡，形成全方位開放新格局，實現開放型經濟治理體系和治理能力現代化，在擴大開放中樹立正確義利觀，切實維護國家利益，保障國家安全，推動中國與世界各國共同發展，構建互利共贏、多元平衡、安全高效的開放型經濟新體制。

二、完善發展理念

　　《建議》指出，實現「十三五」時期發展目標，破解發展難題，厚植發展優勢，必須堅定樹立創新、協調、綠色、開放、共享的發展理念。

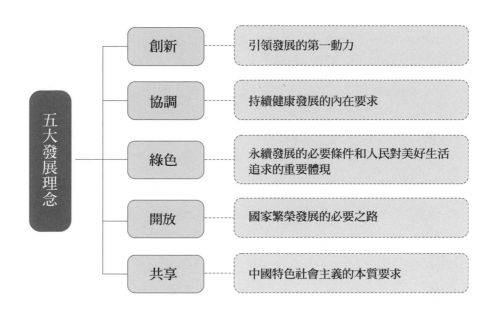

　　(一)創新是引領發展的第一動力。必須把創新擺在國家發展全局的核心位置，不斷推進理論創新、制度創新、科技創新、文化創新等各方面的創新，讓創新貫穿一切工作，讓創新在全社會蔚然成風。

　　美國經濟學家熊彼特（Joseph Alois Schumpeter）的「技術創新」理論引入中國後，得到普遍認同，同時其內涵也得到了全方位的擴展和發展，成為經濟、社會、政治、文化、理論、制度、科技等各方面變革的代名詞。

（二）協調是持續健康發展的內在要求。必須牢牢把握中國特色社會主義事業總體佈局，正確處理發展中的重大關係，重點促進城鄉區域協調發展，促進經濟社會協調發展，促進新型工業化、資訊化、城鎮化、農業現代化同步發展，在增強國家硬實力的同時注重提升國家軟實力，不斷增強發展整體性。

中國發展不協調是一個長期存在的問題，突出表現在區域、城鄉、經濟和社會、物質文明和精神文明、經濟建設和國防建設等關係上。比如東、中、西部經濟發展速度的不平衡，城市與農村經濟的二元結構，以及生態文明與經濟發展的不同步等。在「十三五」期間，這些都是發展過程中必須面對的問題，中國必須在優化結構、補齊短板上取得突破性進展，著力提高發展的協調性和平衡性。

 專家評論

　　蘇海南（中國勞動學會副會長）：中國當前，城鄉之間、地區之間、不同行業之間、體制內與體制外存在不合理的收入落差。縮小收入差距的關鍵在於推進系統改革，更好協調經濟政策與社會政策。有些經濟政策本身就具有社會作用，有些社會政策本身就會帶來相應的經濟結果。比如，打破壟斷的經濟政策，就有利於縮小行業薪酬差距；又如，避免身份歧視政策，就有利於保障和提高農民工收入。因此，要進一步強化經濟政策與社會政策之間的協調，把收入分配體制改革的目標納入各地經濟社會發展總體規劃之中。

（三）綠色是永續發展的必要條件和人民對美好生活追求的重要體現。必須堅持節約資源和保護環境的基本國策，堅持可持續發展，

堅定走生產發展、生活富裕、生態良好的文明發展道路，加快建設資源節約型、環境友好型社會，形成人與自然和諧發展現代化建設新格局，推進美麗中國建設，為全球生態安全作出新貢獻。

綠色發展是在中國傳統發展基礎上的一種模式創新，是在生態環境容量和資源承載力的約束條件下，將環境保護作為實現可持續發展重要支柱的一種新型發展模式。《建議》中綠色發展包括以下幾個要點：一是要將環境資源作為社會經濟發展的內在要素；二是要把實現經濟、社會和環境的可持續發展作為綠色發展的目標；三是要把經濟活動過程和結果的「綠色化」「生態化」作為綠色發展的主要內容和途徑。

(四)開放是國家繁榮發展的必由之路。必須順應中國經濟深度融入世界經濟的趨勢，奉行互利共贏的開放戰略，堅持內外需協調、進出口平衡、引進來和走出去並重、引資和引技引智並舉，發展更高層次的開放型經濟，積極參與全球經濟治理和公共產品供給，提高中國在全球經濟治理中的制度性話語權，構建廣泛的利益共同體。

開放發展理念汲取了中外歷史上正反兩方面的經驗教訓，有利於增進全社會的開放共識。隨著已開發國家對金融危機反思的深入和產業結構的重大調整，中國製造業面臨著與已開發國家更加激烈的競爭。中國必須進一步正視世界經濟這一深刻變化，進一步統籌國際國內兩個大局，把加強對外開放和擴大內需有機結合起來。必須在深度融入世界經濟上下功夫。中國在堅持互利共贏開放戰略的同時，發展更高層次的開放型經濟，積極參與全球經濟治理和公共產品供給；豐富對外開放內涵，提高對外開放水平，完善對外開放佈局，邁開雙向開放步伐；形成對外開放新體制，完善法治化、國際化、便利化的營商環境，健全服務貿易促進體系，全面實行准入前國民待遇加負面清

單管理制度；推進「一帶一路」建設，加快「五通」步伐；深化內地和港澳、大陸和台灣合作發展；積極參與全球經濟治理，促進國際經濟秩序朝著平等公正、合作共贏的方向發展。

（五）共享是中國特色社會主義的本質要求。必須堅持發展為了人民、發展依靠人民、發展成果由人民共享，作出更有效的制度安排，使全體人民在共建共享發展中有更多獲得感，增強發展動力，增進人民團結，朝著共同富裕方向穩步前進。

改革開放以來，中國人民一直為建設小康社會的目標而奮鬥，其出發點就是要改善人民生活、實現人民幸福。經過三十多年的奮鬥，中國經濟社會發展都取得了長足進步，國家面貌發生了翻天覆地的變化，令全世界為之讚歎。但與此同時，中國由於過去經濟基礎差、底子薄，以及其他一些發展中不得不面對的問題，不少民眾生活條件的改善還遠沒有到位。在全面建成小康社會的衝刺階段，讓人民共享更多改革紅利，給人民帶來滿滿的獲得感，應該是中國最重要的發展理念之一。

堅持創新發展、協調發展、綠色發展、開放發展、共享發展，是關係中國發展全局的一場深刻變革。要充分認識這場變革的重大現實意義和深遠歷史意義，統一思想，協調行動，深化改革，開拓前進，推動中國發展邁上新台階。

第三講

堅持創新發展，著力提高發展品質和效益

一　培育發展新動力

二　擴展發展新空間

三　深入實施創新驅動發展戰略

四　大力推進農業現代化

五　構建產業新體系

六　構建發展新體制

七　創新和完善宏觀調控方式

《建議》第三部分內容要點

1 培育發展新動力
- 發揮消費對增長的基礎作用
- 發揮投資對增長的關鍵作用
- 發揮出口對增長的促進作用

3 深入實施創新驅動發展戰略
- 發揮科技創新的引領作用
- 推動政府職能從研發管理向創新服務轉變
- 強化企業創新主體地位和主導作用
- 深化科技體制改革，促進科技與經濟深度融合
- 擴大大學和科研院所自主權

2 擴展發展新空間
- 擴展區域發展空間
- 擴展產業發展空間
- 擴展基礎設施建設空間
- 擴展網絡經濟空間
- 擴展藍色經濟空間

4 大力推進農業現代化
- 穩定農村土地承包關係，構建培育新型農業經營主體的政策體系
- 堅持最嚴格的耕地保護制度，提高農業綜合效益
- 推進農業標準化和資訊化

5 構建產業新體系
- 實施工業強基工程
- 支持戰略性新興產業發展
- 實施智能製造工程
- 加快發展現代服務業

6 構建發展新體制
- 深化行政管理體制改革
- 堅持公有制為主體、多種所有制經濟共同發展
- 深化國有企業改革，激發非公有制經濟活力和創造力
- 優化企業發展環境
- 加快形成統一開放、競爭有序的市場體系
- 深化財稅體制改革
- 加快金融體制改革，實現金融風險監管全覆蓋

7 創新和完善宏觀調控方式
- 穩定政策基調，創新調控思路和政策工具
- 減少政府對價格形成的干預
- 建立風險識別和預警機制

創新是中華民族的優良傳統，「四大發明」加快了世界走向現代文明的腳步，為人類發展作出了巨大貢獻。習近平指出：「創新是一個民族進步的靈魂，是一個國家興旺發達的不竭源泉，也是中華民族最鮮明的民族稟賦。」堅持創新發展，首先要勇於實踐，敢於創新。「十三五」期間，世界經濟仍然處於復甦期，中國經濟處於「疊加期」、轉型期，有很多發展難題需要破解。面對發展難題，需要大無畏的革命精神，要勇於實踐，敢於創新，大膽擔當。

一、培育發展新動力

《建議》指出，優化勞動力、資本、土地、技術、管理等要素配置，激發創新創業活力，推動大眾創業、萬眾創新，釋放新需求，創造新供給，推動新技術、新產業、新業態蓬勃發展，加快實現發展動力轉換。

在經濟結構的轉型期、經濟發展的機遇期，消費、投資、出口這「三駕馬車」如何轉換動力、形成合力，是中國國民經濟順利「換擋」、提質增效的關鍵。「十二五」以來，中國著力構建擴大內需的長效機制，促進經濟增長主要由投資帶動向依靠消費、投資、出口協調拉動轉變；加強農業基礎地位，提升製造業核心競爭力，發展戰略性新興產業，加快發展服務業，促進經濟增長向依靠第一、第二、第三產業協同帶動轉變；深入實施科教興國戰略和人才強國戰略，充分發揮科技第一生產力和人才第一資源作用，提高教育現代化水平，增強自主創新能力，壯大創新人才隊伍，推動發展向主要是依靠科技進步、勞動者素質提高、管理創新的路徑轉變。在這三個轉變的引導下，中國經濟增長要素投入結構、需求結構、供給結構持續優化，逐步由中低端向中高端水平邁進。

培育發展新動力

- 發揮消費對增長的基礎作用
- 發揮投資對增長的關鍵作用
- 發揮出口對增長的促進作用

（一）發揮消費對增長的基礎作用，著力擴大居民消費，引導消費朝著智能、綠色、健康、安全方向轉變，以擴大服務消費為重點帶動消費結構升級。促進流通資訊化、標準化、集約化。

可以預料，繼出口和投資之後，消費將逐步成為推動中國經濟增長的主要動力。

首先，增強消費對中國經濟增長的基礎作用勢在必行。一是有助於中國推動消費結構轉型升級，滿足人民消費新要求。隨著人民生活從溫飽到總體小康，並向全面小康邁進，中國消費結構發生了重大變化，實現了從生存型消費階段到發展型消費階段的歷史性轉變。食品、衣著等基本生活必需品支出比重大幅下降，住房需求保持強勁增長趨勢，居住方面的消費比重大幅上升，教育培訓、醫療衛生、健康養生、文化娛樂、休閒旅遊等服務性消費需求全面快速增長，促進人自身全面發展已成為滿足消費需求的重要目標。二是有助於中國推動需求結構轉型升級，增強經濟內生增長新動力。改善需求結構，使經濟增長更多依靠內需、特別是消費需求拉動，是經濟結構調整的重中之重，是轉變經濟發展方式的戰略要求。三是有助於中國推動產業結構轉型升級，構建現代產業發展新體系。消費是生產的目的。消費結構不僅決定著需求結構，也決定著產業結構。當前中國處於工業化中後期，製造業仍然有很大的發展空間，但面臨著市場需求疲軟、原材料價格上漲、勞動力成本持續上升、資源環境約束強化等問題，必須

加快產業結構轉型升級，使經濟增長更多依靠戰略性新興產業和現代服務業。

其次，積極擴大消費需求，著力培育中國新的經濟增長點。一是堅持富民優先，增加居民收入，提高消費能力。居民實際收入水平很大程度上決定著消費需求總量，城鄉居民收入普遍較快增長是擴大消費需求的前提。二是促進消費升級，挖掘消費熱點，擴展消費市場。適應消費需求升級的新變化，善於把握消費發展趨勢，分析消費目標市場，捕捉消費市場熱點，完善消費促進體系，積極扶持消費新增長點。三是改善消費預期，轉變消費方式，優化消費環境。擴大消費需求，必須讓民眾願意消費、放心消費、便利消費、安全消費。要健全基本公共服務體系，保持物價總水平基本穩定，合理引導消費行為，制定和完善促進中低收入消費需求的財稅和收費方面的優惠政策，積極開展個人消費信貸，積極發展電子商務，加強市場流通體系建設，大力發展家政服務、社會養老、醫院看護、社區服務等各類家庭服務業，進一步規範市場秩序，保護消費者權益。

（二）發揮投資對增長的關鍵作用，深化投融資體制改革，優化投資結構，增加有效投資。發揮財政資金撬動功能，創新融資方式，帶動更多社會資本參與投資。創新公共基礎設施投融資體制，推廣政府和社會資本合作模式。

當經濟進入新常態並不意味著要弱化投資，不能因此否定投資對穩增長與經濟發展的重要作用。要克服「投資等同於產能過剩」的錯誤觀點，儘管中國部分行業產能嚴重過剩，但圍繞產業升級、環境治理、改善基礎設施的投資都是基於需求的，不會產生過剩；要克服「因為政府投資經濟回報率低，不應該做投資」的觀點，基礎設施是公共產品，有很強的正外部性，如果建設滯後導致「瓶頸」，一定會影響未來經濟發展。當前中國避免無效投資是必須的，但不能以偏概

全、因噎廢食，不能去掉工業化和城鎮化所需的必要投資。中國要鼓勵促進產業轉型投資，並創新政府和社會資本合作模式。

 Q&A

問：什麼是政府和社會資本合作模式？

答：政府和社會資本合作模式是在基礎設施及公共服務領域建立的一種長期合作關係。通常模式是由社會資本承擔設計、建設、營運、維護基礎設施的大部分工作，並通過「使用者付費」及必要的「政府付費」獲得合理投資回報；政府部門負責基礎設施及公共服務價格和品質監管，以保證公共利益最大化。

(三)發揮出口對增長的促進作用，增強對外投資和擴大出口結合度，培育以技術、標準、品牌、品質、服務為核心的對外經濟新優勢。實施優進優出戰略，推進國際產能和裝備製造合作，提高勞動密集型產品的科技含量和附加價值，營造資本和技術密集型產業新優勢，提高中國產業在全球價值鏈中的地位。

外貿在中國經濟發展大局中處於重要地位，對經濟穩定增長起著重要的拉動和支撐作用，當前中國穩增長最主要的任務之一就是穩出口。穩出口關乎擴大就業、改善民生和穩增長。當前中國外貿發展受國際經濟環境影響，面臨要素成本上升、新接訂單較難、匯率波動、部分原材料國內外價格「倒掛」等諸多困難。在嚴峻複雜的經濟形勢下，作為中國「三駕馬車」之一的外貿是穩增長的重要引擎，各級政府和相關部門要按照最新要求做好當前外貿工作，高度重視和解決外貿企業發展中遇到的新情況、新問題，竭盡全力打好外貿穩增長攻堅戰，為實現經濟平穩較快發展作出貢獻。

二、擴展發展新空間

　　中國經濟有巨大韌性、潛力和迴旋餘地，堅持穩中求進的總基調，著力擴大內需，穩定經濟增長，加快結構調整，切實改善民生，保持經濟平穩較快發展，推動經濟走上內生增長、協調發展的軌道。當前，中國經濟投資增長乏力，新的消費熱點不多，穩增長難度加大。中國需要發展新空間培育發展新動力，用發展新動力開拓發展新空間。

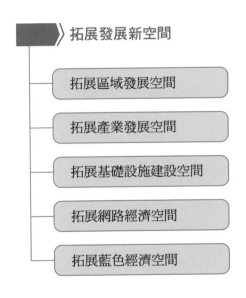

　　(一)擴展區域發展空間。以區域發展總體戰略為基礎，以「一帶一路」建設、京津冀協同發展、長江經濟帶建設為引領，形成沿海沿江沿線經濟帶為主的縱向橫向經濟軸帶。發揮城市群輻射帶動作用，優化發展京津冀、長三角、珠三角三大城市群，形成東北地區、中原地區、長江中游、成渝地區、關中平原等城市群。發展一批中心城市，強化區域服務功能。支持綠色城市、智慧城市、森林城市建設和城際基礎設施互聯互通。推進重點地區一體發展，培育壯大若干重點經濟區。推進城鄉發展一體化，開闊農村廣闊發展空間。

「十三五」時期重點發展的城市群示意圖

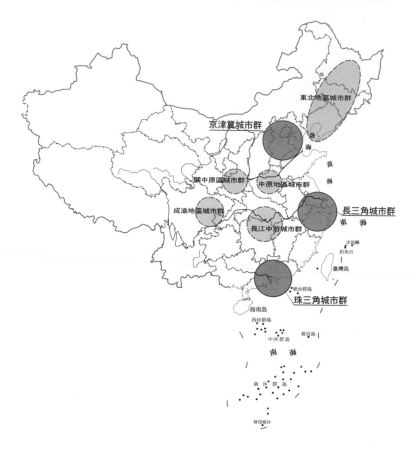

　　中國新一屆中央領導層高度重視區域經濟協調和協同發展問題，先後提出了許多新認識、新觀點和新舉措，概括起來就是未來中國區域經濟協同協調發展頂層設計的「四三三」總體戰略部署。其中，「四」是指「四大板塊」，即指中國東北、東部、中部和西部，其作用是顯示和調控區域差距。第一個「三」是指「三個支撐帶」，即「長三角」支撐長江經濟帶，「環渤海」支撐中國東北、華北和西北經濟帶，泛「珠三角」支撐中國西南和中南經濟帶，其作用是促進區域合作和互助。第二個「三」是指「一二三號」重點區域工程：一號工程是指中國京津冀協同發展，其主要目的是解決看似意外實則必然

凸顯的遍及中國華北（包括華東乃至全中國其他地區）的嚴重大氣霧霾污染，以及越來越嚴重的大城市病；二號工程是指中國長江流域經濟帶，其主要目的是探索中國東西部協調發展路徑和新的城鄉區域增長點；三號工程是指陸地「絲綢之路」經濟帶和海上「絲綢之路」，主要目的是建立全球一體化開放體系，重振中華民族往日的輝煌。以上「四大板塊」「三個支撐帶」和「一二三號工程」共同構成了中國區域發展頂層設計的「四三三」戰略部署。

根據中國「四三三」戰略思路，結合中國區域經濟發展的具體要求，統籌實施「四大板塊」和「三個支撐帶」戰略組合，形成中國沿海沿江沿線經濟帶為主的縱向橫向經濟軸帶。從「經濟帶」到「經濟

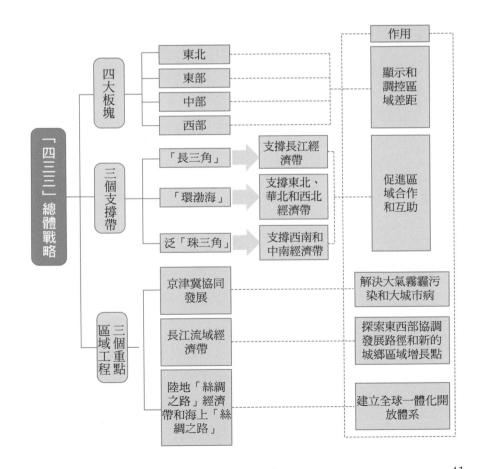

軸帶」，意在強調區域發展增長將由點及面、連接成軸，最大限度地發揮輻射帶動作用。

　　（二）擴展產業發展空間。支持節能環保、生物技術、資訊技術、智能製造、高端裝備、新能源等新興產業發展，支持傳統產業優化升級。推廣新型孵化模式，鼓勵發展眾創、眾包、眾扶、眾籌空間。發展天使、創業、產業投資，深化創業板、新三板改革。

　　目前，中國已成為一個工業和貿易大國，是世界產業分工格局中的重要力量，但仍存在產業發展水平低、處於全球分工格局低端等問題，未來有望從全球價值鏈的低端向中高端升級，並在全球價值鏈治理中發揮越來越積極的作用。在這種背景下，「十三五」時期中國三次產業發展的定位、方向和政策都將面臨重大變化，應對產業結構升級思路進行重大調整：摒棄以往追求產業間數量比例關係優化的指導思想，產業結構調整的主線是提高生產率；推進產業政策從選擇性主導轉為功能性主導，產業政策的重心從扶持企業、選擇產業轉為激勵創新、培育市場；推進中國國有經濟的產業佈局從重化工領域轉向高

 深度解析

　　中國國務院發佈的《關於加快構建大眾創業萬眾創新支撐平台的指導意見》（以下簡稱《指導意見》）是指加快推動眾創、眾包、眾扶、眾籌的「四眾」新模式、新業態發展的系統性指導文件。《指導意見》提出，以眾智促創新、以眾包促變革、以眾扶促創業、以眾籌促融資等重大發展方向和十七條重點舉措，旨在激發中國創業創新熱情，指導「四眾」規範發展，進一步優化管理服務。

端和新興製造業、公共服務業等領域，經營業務從整個自然壟斷領域集中到具有自然壟斷性的網絡環節。

（三）擴展基礎設施建設空間。實施重大公共設施和基礎設施工程。實施網路強國戰略，加快構建高速、移動、安全、泛在的新一代資訊基礎設施。加快完善水利、鐵路、公路、水運、民航、通用航空、管道、郵政等基礎設施網絡。完善能源安全儲備制度。加強城市公共交通、防洪防澇等設施建設。實施城市地下管網改造工程。加快開放電力、電信、交通、石油、天然氣、市政公用等自然壟斷行業的競爭性業務。

中國積極推進三網融合，統籌規劃光纖寬頻（寬帶）、新一代寬頻無線行動通信網、下一代網際網路（互聯網）、物聯網發展，不斷完善網路佈點，建設寬頻應用網路設施。著力打造寬頻帶化、行動化、融合化、泛在化的安全可靠新一代通信基礎設施。

中共黨中央提出，將力爭今後十年全社會水利年平均投入比二○一○年高出一倍，即未來十年的水利投資將達到四兆元。水利「十二五規劃」確定的水利投資規模大概為一兆八千億元。照此估算，水利「十三五規劃」的投資規模有望進一步提高，同比增速或達百分之二十以上。

「十三五」時期，中國除了將繼續花大力氣建設高速鐵路，建成「四縱四橫」高鐵網，進一步將高鐵在全中國鋪開外，還將發展改革的天平向中國西部傾斜，縮小東西差距，繼續推動全中國大通道的打通；此外，中國還將繼續推進鐵路的深化改革，讓以前封閉的國家部門直接面向市場，廣泛地利用大量民間資本；同時，還將加快中國鐵路「走出去」的步伐，繼續參與國際競標。

當前，中國城市基礎設施仍存在總量不足、標準不高、營運管理粗放等問題。加強城市基礎設施建設，有利於推動經濟結構調整和發

展方式轉變，拉動投資和消費增長，擴大就業，促進節能減排。

　　中國國務院發佈的《關於促進市場公平競爭維護市場正常秩序的若干意見》明確要求，要圍繞使市場在資源配置中起決定性作用和更好發揮政府作用，著力解決市場體系不完善、政府干預過多和監管不到位問題，堅持放管並重，實行寬進嚴管，激發市場主體活力，平等保護各類市場主體合法權益，維護公平競爭的市場秩序，促進經濟社會持續健康發展。

　　(四)擴展網路經濟空間。實施「互聯網+」行動計劃，發展物聯網技術和應用，發展分享經濟，促進互聯網和經濟社會融合發展。實施國家大數據戰略，推進數據資源開放共享。完善電信普遍服務機制，開展網路提速降費行動，超前佈局下一代互聯網。推進產業組織、商業模式、供應鏈、物流鏈創新，支持基於互聯網的各類創新。

　　「互聯網+」是把網路的創新成果與經濟社會各領域深度融合，

互聯網可以+

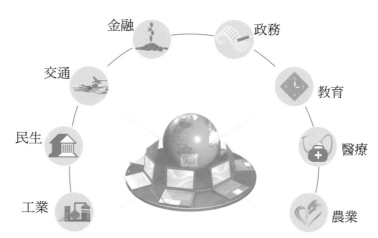

利用互聯網的平台，利用資訊通信技術，
把互聯網和包括傳統行業在內的各行各業結合起來，
能夠在新的領域創造一種新的生態

推動技術進步、效率提升和組織變革，提升實體經濟創新力和生產力，形成更廣泛的以網路為基礎設施和創新要素的經濟社會發展新形態。在全球新一輪科技革命和產業變革中，網路與各領域的融合發展具有廣闊前景和無限潛力，已成為不可阻擋的時代潮流，正對各國經濟社會發展產生戰略性和全局性的影響。

積極發揮中國網路已經形成的優勢，且加快推進「互聯網+」發展，有利於重塑創新體系、激發創新活力、培育新興業態和創新公共服務模式，對打造大眾創業、萬眾創新和增加公共產品、公共服務「雙引擎」，主動適應和引領經濟發展新常態，形成經濟發展新動能，對中國經濟提質增效升級具有重要意義。

大數據是以容量大、類型多、存取速度快、應用價值高為主要特徵的數據集合，正快速發展為對數量巨大、來源分散、格式多樣的數據進行採集、存儲和關聯分析，從中發現新知識、創造新價值、提升新能力的新一代資訊科技和服務業態。資訊科技與經濟社會的交匯融合引發了數據迅猛增長，數據已成為各國基礎性戰略資源，大數據正日益對全球生產、流通、分配、消費活動，以及經濟運作機制、社會生活方式和國家治理能力產生重要影響。目前，中國在大數據發展和

Q&A

問：什麼是下一代互聯網（網際網路）？

答：下一代互聯網（網際網路），是指不同於現在網際網路的新一代網際網路。它使用的是IPv6位址協議，採用128位編碼方式，這就使得網際網路位址資源非常充足，任何一個電器都可能成為一個網路終端。正在使用的第一代網際網路是基於IPv4位址協議，它可以提供的IP位址為四十多億個，隨著網路的飛速發展，IPv4位址已被分配殆盡。

應用方面已具備一定基礎，擁有市場優勢和發展潛力，但也存在政府數據開放共享不足、產業基礎薄弱、缺乏頂層設計和統籌規劃、法律法規建設滯後、創新應用領域不廣等問題，亟待解決。

（五）擴展藍色經濟空間。堅持陸海統籌，壯大海洋經濟，科學開發海洋資源，保護海洋生態環境，維護中國海洋權益，建設海洋強國。

中國是海洋大國，需編製實施海洋戰略規劃，發展海洋經濟，保護海洋生態環境，提高海洋科技水平，加強海洋綜合管理，維護中國國家海洋權益，妥善處理海上糾紛，積極擴展雙邊和多邊海洋合作，向海洋強國的目標邁進。

 深度解析

　　二十世紀末以來，中國海洋經濟以兩位數的年增長率快速發展。主要表現為：活動範圍多方向擴展，經濟總量迅速增加，增長速度快於中國國民經濟增長，以及一直處於領先地位的沿海發達地區經濟的增長，海洋產業發展速度快於行業整體產業的發展。這樣的趨勢和特點是帶有普遍性的，同期，世界海洋經濟發展步入了世界經濟發展的快車道。在眾多沿海國家和地區，海洋經濟已成為區域經濟發展新的增長點。

三、深入實施創新驅動發展戰略

　　《建議》指出，必須發揮科技創新在全面創新中的引領作用，加強基礎研究，強化原始創新、整合創新和引進消化吸收再創新。推進有特色高水平大學和科研院所建設，鼓勵企業開展基礎性前沿性創新

研究，重視顛覆性技術創新。實施一批國家重大科技項目，在重大創新領域組建一批國家實驗室。積極提出並牽頭組織國際大科學計劃和大科學工程。

》深入實施創新驅動發展戰略

發揮科技創新的引領作用

推動政府職能從研發管理向創新服務轉變

強化企業創新主體地位和主導作用

深化科技體制改革，促進科技與經濟深度融合

擴大高校和科研院所自主權

 專家評論

中國國家主席習近平：落實創新驅動發展戰略，必須把重要領域的科技創新擺在更加突出的地位，實施一批關係國家全局和長遠發展的重大科技項目。二〇一四年八月，我們確定要抓緊實施已有的十六個國家科技重大專項，進一步聚焦目標、突出重點，攻克高端通用晶片、積體電路裝備、寬頻移動通信、高檔數控機床、核電站、新藥創製等關鍵核心技術，加快形成若干戰略性技術和戰略性產品，培育新興產業。在此基礎上，以二〇三〇年為時間節點，再選擇一批體現國家戰略意圖的重大科技項目，力爭有所突破。

「十二五」時期優先安排的十六項重大科技基礎設施建設

- ★海底科學觀測網
- ★高能同步輻射光源驗證裝置
- ★加速器驅動嬗變研究裝置
- ★綜合極端條件實驗裝置
- ★強流重離子加速器
- ★高效低碳燃氣輪機試驗裝置
- ★高海拔宇宙線觀測站
- ★未來網絡試驗設施
- ★空間環境地面模擬裝置
- ★轉化醫學研究設施
- ★中國南極天文台
- ★精密重力測量研究設施
- ★大型低速風洞
- ★上海光源線站工程
- ★模式動物表型與遺傳研究設施
- ★地球系統數值模擬器

資料來源：中國《國家重大科技基礎設施建設中長期規劃（2012至2030年）》

科學技術是推動產業發展的根本動力，中國大力推進科技創新，深入實施創新驅動發展戰略，推動科技創新、產業創新、企業創新、市場創新、產品創新、業態創新、管理創新等，加快形成以創新為主要引領和支撐的經濟體系和發展模式。

　　(一)推動政府職能從研發管理向創新服務轉變。完善國家科技決策諮詢制度。堅持戰略和前沿導向，集中支持事關發展全局的基礎研究和共性關鍵技術研究，加快突破新一代資訊通信、新能源、新材料、航空航天、生物醫藥、智能製造等領域核心技術。瞄準瓶頸制約問題，制定系統性技術解決方案。

　　完善國家科技決策諮詢制度，將科技諮詢納入中國國家重大問題的決策程序，是深化中國科技管理體制改革的重要組成部分，是提升中國科技決策科學化和民主化水平的內在要求。當前，現代科學技術已全面滲透到經濟、社會、文化、教育、國際競爭等各個領域，科技政策涉及的利益範圍、訴求主體和社會影響正日益廣泛，重大科技決策過程中不同利益群體之間的博弈和權衡過程也日趨複雜。中國在新的歷史條件下，完善國家科技決策諮詢制度，充分保障不同群體在國家重大科技決策中的話語權，並推動決策的科學化及民主化，體現社會公平和正義的必然要求。

　　中國加快構建並完善共性技術研究與服務的產業創新體系。根據國際產業競爭、中國國內製造業「由大變強」的迫切要求，審時度勢，進行體制創新：一是中國堅持政府主導的原則，成立產業共性技術推進領導小組；二是中國組建產業共性技術管理部門和機構；三是中國設立產業共性技術財政專項，建立產業共性技術發展基金；四是中國採用不同模式組建共性技術研究院，並將標準與合格品評定作為中國國家長期發展戰略之一；五是中國加快產業共性技術的共享和推廣使用。

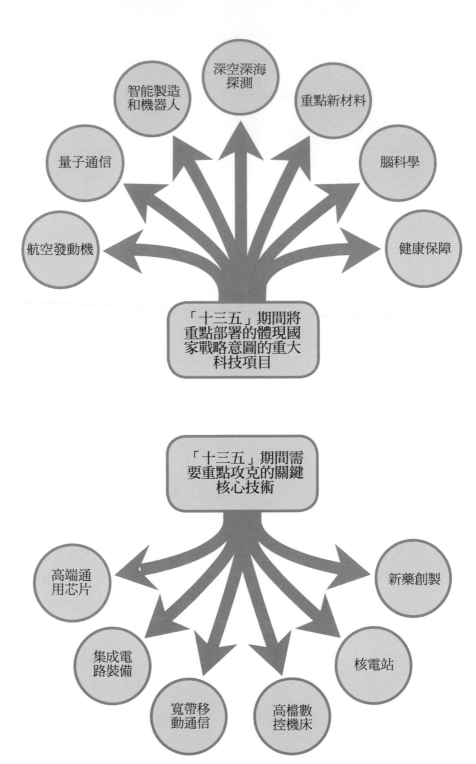

深空深海探測

智能製造和機器人

重點新材料

量子通信

腦科學

航空發動機

健康保障

「十三五」期間將重點部署的體現國家戰略意圖的重大科技項目

「十三五」期間需要重點攻克的關鍵核心技術

高端通用芯片

新藥創製

集成電路裝備

核電站

寬帶移動通信

高檔數控機床

Q&A

問：目前中國的科技計劃管理體制對產業共性技術的研究有哪些不利影響？

答：目前中國的科技計劃管理體制影響了產業共性技術的研究。一是以各類計劃項目支持產業共性技術研究的模式缺乏系統規劃和有力的組織實施，存在重複投入、分散投入等問題，不能適應產業共性技術研究的長期性和連續性，也無法凝聚一支穩定的專業隊伍；二是共性技術相關的科技項目採用競爭模式，強調產品目標，使科學研究人員忙於申請項目、疲於應對檢查，難以集中力量在一些關鍵的共性領域實現突破，導致產業共性技術供給嚴重不足。

（二）強化企業創新主體地位和主導作用，形成一批有國際競爭力的創新型領軍企業，支持科技型中小企業健康發展。依托企業、大學、科研院所建設一批國家技術創新中心，形成若干具有強大帶動力的創新型城市和區域創新中心。完善企業研發費用加計扣除政策，擴大固定資產加速折舊實施範圍，推動設備更新和新技術應用。

目前，以企業為主體、市場為導向、產學研相結合的技術創新體系建設取得積極進展，激勵企業創新的政策措施逐步完善，中國企業研發投入的積極性不斷提高，研發能力得到增強，重點產業領域取得一批創新成果，為產業升級和結構調整提供了有力支撐。但目前中國企業創新能力依然薄弱，許多領域缺乏具有自主知識產權的核心技術，企業尚未真正成為創新決策、研發投入、科學研究組織和成果應用的主體，制約企業創新的體制機制障礙仍然存在。中國增強企業創新能力的重點任務包括：①進一步完善引導企業加大技術創新投入的

機制；②支持企業建立研發機構；③支持企業推進重大科技成果產業化；④大力培育科技型中小企業；⑤以企業為主導發展產業技術創新戰略聯盟；⑥依托轉制院所和行業領軍企業構建產業共性技術研發基地；⑦強化科研院所和高等學校對企業技術創新的源頭支持；⑧完善面向企業的技術創新服務平台；⑨加強企業創新人才隊伍建設；⑩推動科技資源開放共享；⑪提升企業技術創新開放合作水平；⑫完善支持企業技術創新的財稅金融等政策。

加快實施創新驅動發展戰略

完善成果轉化激勵政策

1. 利用財政資金設立的高等學校和科研院所用於利用財政資金設立的高等學校和科研院所用於員和團隊的收益比例可以從現行不低於20%提高到不低於50%

2. 高等學校和科研院所等事業單位以科技成果作價入股的企業，放寬股權獎勵、股權出售對企業設立年限和盈利水準的限制

構建更加高效的科研體系

擴大高等學校、科研院所學術自主權和個人科研選題選擇權，改革高等學校和科研院所聘用制度，優化工資結構，保證科研人員合理工資待遇水平

逐步實現高等學校和科研院所與下屬公司的剝離，原則上高等學校科研院所不再辦企業，強化科技成果以許可方式對外擴散

創新培養、用好和吸引人才機制

1. 加快部分普通本科高等學校向應用技術型高等學校轉型，開展校企聯合招生、聯合培養，試點拓展校企合作育人途徑方式

2. 允許高等學校和科研院所設立一定比例流動崗位，吸引有創新實踐經驗的企業和企業科技人才兼職

資料來源：中國《關於深化體制機制改革　加快實施創新驅動發展戰略的若干意見》

（三）深化科技體制改革，引導構建產業技術創新聯盟，推動跨領域跨行業協同創新，促進科技與經濟深度融合。加強技術和知識產權交易平台建設，建立從實驗研究、中試到生產的全過程科技創新融資模式，促進科技成果資本化、產業化。構建普惠性創新支持政策體系，加大金融支持和稅收優惠力度。深化知識產權領域改革，加強知識產權保護。

深化科技體制改革是中國全面深化改革的重要內容，是進行創新驅動發展戰略、建設創新型國家的根本要求。中國按照「四個全面」戰略佈局總要求，堅持走中國特色自主創新道路，聚焦實施創新驅動發展戰略，以構建中國特色國家創新體系為目標，全面深化科技體制改革，推動以科技創新為核心的全面創新，推進科技治理體系和治理能力現代化，促進軍民融合深度發展，營造有利於創新驅動發展的市場和社會環境，激發大眾創業、萬眾創新的熱情與潛力，主動適應和引領經濟發展新常態，加快創新型國家建設步伐，為實現發展驅動力的根本轉換奠定體制基礎。

四、大力推進農業現代化

《建議》指出，農業是全面建成小康社會、實現現代化的基礎。加快轉變農業發展方式，發展多種形式適度規模經營，發揮其在現代農業建設中的引領作用。著力構建現代農業產業體系、生產體系、經營體系，提高農業品質效益和競爭力，推動糧經飼統籌、農林牧漁結合、種養加一體、一二三產業融合發展，走產出高效、產品安全、資源節約、環境友好的農業現代化道路。

（一）穩定農村土地承包關係，完善土地所有權、承包權、經營權分置辦法，依法推進土地經營權有序流轉，構建培育新型農業經營主

大力推進農業現代化

- 穩定農村土地承包關係，構建培育新型農業經營主體的政策體系

- 堅持最嚴格的耕地保護制度，提高農業綜合效益

- 推進農業標準化和資訊化

體的政策體系。培養新型職業農民。深化農村土地制度改革。完善農村集體產權權能。深化農村金融改革，完善農業保險制度。

　　穩定農村土地承包關係並保持長久不變，在堅持和完善最嚴格的耕地保護制度前提下，賦予農民對承包地佔有、使用、收益、流轉及承包經營權抵押、擔保權能。在落實農村土地集體所有權的基礎上，穩定農戶承包權、放活土地經營權，允許承包土地的經營權向金融機構抵押融資。穩定和完善草原承包經營制度。切實維護婦女的土地承包權益。加強農村經營管理體系建設。深化農村綜合改革，完善集體林權制度改革，健全國有林區經營管理體制。引導和規範農村集體經營性建設用地入市，加快建立農村集體經營性建設用地產權流轉和增值收益分配制度。完善農村宅基地管理制度。完善城鄉建設用地增減掛鉤試點工作，切實保證耕地數量不減少、品質有提高。加快包括農村宅基地在內的農村地籍調查和農村集體建設用地使用權確權登記頒證工作。

　　強化金融機構服務「三農」職責。穩定大中型商業銀行的縣域網點，擴展鄉鎮服務網絡，根據自身業務結構和特點，建立適應「三農」需要的專門機構和獨立營運機制。強化商業金融對「三農」和縣域小微企業的服務能力，擴大縣域分支機構業務授權，不斷提高存貸

比和涉農貸款比例，將涉農信貸投放情況納入信貸政策導向效果評估和綜合考評體系。穩步擴大農業銀行三農金融事業部改革試點。鼓勵郵政儲蓄銀行擴展農村金融業務。支持農業發展銀行開展農業開發和農村基礎設施建設中長期貸款業務，建立差別監管體制。增強農村信用社支農服務功能。積極發展村鎮銀行，逐步實現縣市全覆蓋，符合條件的適當調整主發起行與其他股東的持股比例。支持由社會資本發起設立服務「三農」的縣域中小型銀行和金融租賃公司。對小額貸款公司，要擴寬融資渠道，完善管理政策，加快接入徵信系統，發揮支農支小作用。支持符合條件的農業企業在主板、創業板發行上市，督促上市農業企業改善治理結構，引導暫不具備上市條件的高成長性、創新型農業企業到全中國中小企業股份轉讓系統進行股權公開掛牌與轉讓，推動證券期貨經營機構開發適合「三農」的個性化產品。發展新型農村合作金融組織。在管理民主、運作規範、帶動力強的農民合作社和供銷合作社基礎上，培育發展農村合作金融，不斷豐富農村地區金融機構類型。堅持社員制、封閉性原則，在不對外吸儲放貸、不支付固定回報的前提下，推動社區性農村資金互助組織發展。完善地方農村金融管理體制，明確地方政府對新型農村合作金融監管職責，鼓勵地方建立風險補償基金，有效防範金融風險。適時制定農村合作金融發展管理辦法。加大農業保險支持力度。提高中央、省級財政對主要糧食作物保險的保費補貼比例，逐步減少或取消產糧大縣縣級保費補貼，不斷提高稻穀、小麥、玉米三大糧食品種保險的覆蓋面和風險保障水平。鼓勵保險機構開展特色優勢農產品保險，有條件的地方提供保費補貼，中央財政通過以獎代補等方式予以支持。擴大畜產品及森林保險範圍和覆蓋區域。鼓勵開展多種形式的互助合作保險。規範農業保險大災風險準備金管理，加快建立財政支持的農業保險大災風險分散機制。探索開辦涉農金融領域的貸款保證保險和信用保險等業務。

（二）堅持最嚴格的耕地保護制度，堅守耕地紅線，實施藏糧於地、藏糧於技戰略，提高糧食產能，確保穀物基本自給、口糧絕對安全。全面劃定永久基本農田，大規模推進農田水利、土地整治、中低產田改造和高標準農田建設，加強糧食等大宗農產品主產區建設，探索建立糧食生產功能區和重要農產品生產保護區。優化農業生產結構和區域佈局，推進產業鏈和價值鏈建設，開發農業多種功能，提高農業綜合效益。

綜合考慮國內資源環境條件、糧食供求格局和國際貿易環境變化，實施以我為主、立足國內、確保產能、適度進口、科技支撐的國家糧食安全戰略。任何時候都不能放鬆國內糧食生產，嚴守耕地保護紅線，劃定永久基本農田，不斷提升農業綜合生產能力，確保穀物基本自給、口糧絕對安全。更加積極地利用國際農產品市場和農業資源，有效調節和補充國內糧食供給。在重視糧食數量的同時，更加注

1998-2010年中國耕地數量和人均耕地變化

資料來源：中國國土資源部、國家統計局網站

重品質和安全；在保障當期供給的同時，更加注重農業可持續發展。

要加快建立利益補償機制。加大對糧食主產區的財政轉移支付力度，增加對商品糧生產大省和糧油豬生產大縣的獎勵補助，鼓勵主銷區通過多種方式到主產區投資建設糧食生產基地，更多地承擔國家糧食儲備任務，完善糧食主產區利益補償機制。支持糧食主產區發展糧食加工業。降低或取消產糧大縣直接用於糧食生產等建設項目資金配套。完善森林、草原、濕地、水土保持等生態補償制度，繼續執行公益林補償、草原生態保護補助獎勵政策，建立江河源頭區、重要水源地、重要水生態修復治理區和蓄滯洪區生態補償機制。支持地方開展耕地保護補償。

(三)推進農業標準化和資訊化。健全從農田到餐桌的農產品品質安全全過程監管體系、現代農業科技創新推廣體系、農業社會化服務體系。發展現代農業，提高農業機械化水平。持續增加農業投入，完善農業補貼政策。改革農產品價格形成機制，完善糧食等重要農產品收儲制度。加強農產品流通設施和市場建設。

農業標準化是現代農業的重要基石。國內外農業發展的實踐經驗表明，農業標準化是促進科技成果轉化為生產力的有效途徑，是提升

Q&A

問：《建議》中農業標準化包括哪些內容？

答：《建議》中農業標準化的內容十分廣泛，主要有以下八項：一是農業基礎標準，二是種子、種苗標準，三是產品標準，四是方法標準，五是環境保護標準，六是衛生標準，七是農業工程和工程構件標準，八是管理標準。

農產品品質安全水平、增強農產品市場競爭能力的重要保證,是提高經濟效益、增加農民收入和實現農業現代化的基本前提。加快農業標準化進程,是現階段中國推進農業產業革命的戰略要求。

農業資訊化是指人類在農業生產活動和社會實踐中,通過普遍地採用以通信技術、網路技術和資訊科技技術等為主要內容的高新技術,更加充分有效地開發和利用農業資訊資源,推動農業經濟可持續發展和農村社會進步的過程。沒有農業農村資訊化,就不可能有農業農村的現代化,也不可能實現農村的全面小康。新形勢下,增強農業農村綜合生產能力、加快推進城鎮化、實現城鄉公共服務均等化、促進農村經濟社會發展和進步,迫切需要資訊化提供新動力和新手段。

 深度解析

二〇一〇年四月,為深入貫徹《中共中央關於推進農村改革發展若干重大問題的決定》,落實《2006–2020年國家信息化發展戰略》的部署,充分發揮資訊化在加快推進社會主義新農村建設、加快現代農業建設、推動城鄉統籌發展中的重要作用,工業和信息化部、農業部、科學技術部、商務部、文化部聯合發佈《農業農村信息化行動計劃(2010至2012年)》。

五、構建產業新體系

製造業是國民經濟的主體,是立國之本、興國之器、強國之基。自十八世紀中葉開啟工業文明以來,世界強國的興衰史和中華民族的奮鬥史一再證明,沒有強大的製造業,就沒有國家和民族的強盛。

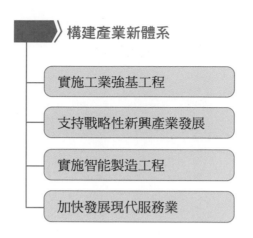

構建產業新體系

實施工業強基工程

支持戰略性新興產業發展

實施智能製造工程

加快發展現代服務業

《建議》指出，加快建設製造強國，實施《中國製造2025》。引導製造業朝著分工細化、協作緊密方向發展，促進資訊科技技術向市場、設計、生產等環節滲透，推動生產方式向柔性、智能、精細轉變。

(一)實施工業強基工程，開展品質品牌提升行動，支持企業瞄準國際同行業標桿推進技術改造，全面提高產品技術、工藝裝備、能效環保等水平。更加注重運用市場機制、經濟手段、法治辦法化解產能過剩，加大政策引導力度，完善企業退出機制。

核心基礎零部件（元器件）、先進基礎工藝、關鍵基礎材料和產業技術基礎（以下統稱「四基」）等工業基礎能力薄弱，是制約中國製造業創新發展和品質提升的癥結所在。要堅持問題導向、產需結合、協同創新、重點突破的原則，著力破解制約重點產業發展的「瓶頸」。一是要統籌推進「四基」發展；二是要加強「四基」創新能力建設；三是要推動整機企業和「四基」企業協同發展。

(二)支持戰略性新興產業發展，發揮產業政策導向和促進競爭功能，更好地發揮國家產業投資引導基金作用，培育一批戰略性產業。

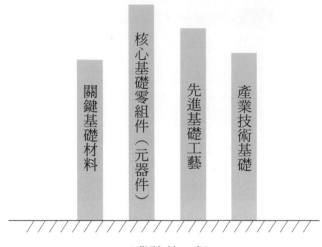

工業強基工程

　要瞄準新一代資訊技術、高端裝備、新材料、生物醫藥等戰略重點，引導社會各類資源集聚，推動優勢和戰略產業快速發展。主要包括十個方面：一是新一代資訊科技產業，如積體電路及專用裝備；二是高檔數控機床和機器人；三是航空航天裝備；四是海洋工程裝備及高技術船舶；五是先進軌道交通裝備；六是節能與新能源汽車；七是電力裝備；八是農機裝備；九是新材料；十是生物醫藥及高性能醫療器械。

　(三)實施智能製造工程，構建新型製造體系，促進新一代資訊通信技術、高檔數控機床和機器人、航空航天裝備、海洋工程裝備及高技術船舶、先進軌道交通裝備、節能與新能源汽車、電力裝備、農機裝備、新材料、生物醫藥及高性能醫療器械等產業發展壯大。

　研究制定智能製造發展戰略。編製智能製造發展規劃，明確發展目標、重點任務和重大佈局。加快制定智能製造技術標準，建立完善智能製造和兩化融合管理標準體系。

　加快發展智能製造裝備和產品。組織研發具有深度感知、智慧決策、自動執行功能的高檔數控機床、工業機器人、增材製造裝備等智

能製造裝備，以及智能化生產線，突破新型傳感器、智能測量儀表、工業控制系統、伺服電機及驅動器和減速器等智能核心裝置，推進工程化和產業化。

推進製造過程智能化。在重點領域試點建設智能工廠、數位化車間，加快人機智能交互、工業機器人、智能物流管理、增材製造等技術和裝備在生產過程中的應用，促進製造工藝的仿真優化、數位化控制、狀態資訊實時監測和自適應控制。

(四)開展加快發展現代服務業行動，放寬市場准入，促進服務業優質高效發展。推動生產性服務業向專業化和價值鏈高端延伸、生活性服務業向精細和高品質轉變，推動製造業由生產型向生產服務型轉變。大力發展旅遊業。

世貿組織的服務業分類標準界定了現代服務業的九大分類，即商業服務，電訊服務，建築及有關工程服務，教育服務，環境服務，金融服務，健康與社會服務，與旅遊有關的服務，娛樂、文化與體育服務。

中國生產性服務業發展相對滯後、水平不高、結構不合理等問題突出，亟待加快發展。生產性服務業涉及農業、工業等產業的多個環節，具有專業性強、創新活躍、產業融合度高、帶動作用顯著等特點，是全球產業競爭的戰略制高點。加快發展生產性服務業，是向結構調整要動力、促進經濟穩定增長的重大措施，既可以有效激發內需潛力、帶動擴大社會就業、持續改善人民生活，也有利於引領產業向價值鏈高端提升。

近年來，國務院高度重視生活性服務業發展，陸續出台了家庭、養老、健康、文化創意等生活性服務業發展指導意見，服務供給規模和品質水平明顯提高。

要加快製造與服務的協同發展，推動商業模式創新和業態創新，促進生產型製造向服務型製造轉變。

問：為什麼說構建產業新體系是實現中華民族偉大復興的重大舉措？

答：「兩個一百年」奮鬥目標和中華民族偉大復興的中國夢，是中國人民共同的嚮往和追求。世界發展的歷史一再證明，沒有堅實的產業支撐，就沒有國家和民族的強盛。我們要實現中華民族偉大復興的宏偉目標，就必須有強大的實體經濟和產業基礎作支撐。「十三五」時期是全面建成小康社會的決勝階段。我們提出構建產業新體系，就是要更好地發揮中國產業發展的綜合優勢，充分釋放工業化、資訊化、城鎮化、農業現代化同步發展蘊含的廣闊空間，為確保如期實現第一個百年奮鬥目標提供強勁動力，為實現中華民族偉大復興的中國夢奠定堅實基礎。

六、構建發展新體制

《建議》提出，加快形成有利於創新發展的市場環境、產權制度、投融資體制、分配制度、人才培養引進使用機制。

(一)深化行政管理體制改革，進一步轉變政府職能，持續推進簡政放權、放管結合、優化服務，提高政府效能，激發市場活力和社會創造力。

全面正確履行政府職能。進一步簡政放權，深化行政審批制度改革，最大限度減少中央政府對微觀事務的管理，市場機制能有效調節的經濟活動，一律取消審批，對保留的行政審批事項要規範管理、提高效率；直接面向基層、量大面廣、由地方管理更方便有效的經濟社

構建發展新體制

深化行政管理體制改革

堅持公有制為主體、多種所有制經濟共同發展

深化國有企業改革，更好激發非公有制經濟活力和創造力

優化企業發展環境

加快形成統一開放、競爭有序的市場體系

深化財稅體制改革

加快金融體制改革，實現金融風險監管全覆蓋

會事項，一律下放地方和基層。

　　政府要加強發展戰略、規劃、政策、標準等制定和實施，加強市場活動監管，加強各類公共服務提供。加強中央政府宏觀調控職責和能力，加強地方政府公共服務、市場監管、社會管理、環境保護等職責。推廣政府購買服務，凡屬事務性管理服務，原則上都要引入競爭機制，通過合約、委託等方式向社會購買。

　　加快事業單位分類改革，加大政府購買公共服務力度，推動公辦事業單位與主管部門理順關係和去行政化，創造條件，逐步取消學校、科研院所、醫院等單位的行政級別。建立事業單位法人治理結構，推進有條件的事業單位轉為企業或社會組織。建立各類事業單位統一登記管理制度。

十八大以來簡政放權文件一覽表

	文件名稱
2013 年 5 月 17 日	《國務院關於取消和下放一批行政審批項目等事項的決定》
2013 年 7 月 22 日	《國務院關於取消和下放 50 項行政審批項目等事項的決定》
2013 年 12 月 10 日	《國務院關於取消和下放一批行政審批項目的決定》
2014 年 2 月 15 日	《國務院關於取消和下放一批行政審批項目的決定》
2014 年 4 月 22 日	《國務院關於清理國務院部門非行政許可審批事項的通知》
2014 年 8 月 12 日	《國務院關於取消和調整一批行政審批項目等事項的決定》
2014 年 11 月 24 日	《國務院關於取消和調整一批行政審批項目等事項的決定》
2014 年 12 月 29 日	《國務院辦公廳關於印發精簡審批事項規範中介服務實行企業投資項目網上並聯核准制度工作方案的通知》
2015 年 2 月 4 日	《國務院關於規範國務院部門行政審批行為改進行政審批有關工作的通知》
2015 年 3 月 13 日	《國務院關於取消和調整一批行政審批項目等事項的決定》
2015 年 5 月 14 日	《國務院關於取消非行政許可審批事項的決定》
2015 年 5 月 15 日	《國務院關於印發二〇一五年推進簡政放權放管結合轉變政府職能工作方案的通知》
2015 年 10 月 14 日	《國務院關於第一批取消 62 項中央指定地方實施行政審批事項的決定》

（二）堅持公有制為主體、多種所有制經濟共同發展。毫不動搖鞏固和發展公有制經濟，毫不動搖鼓勵、支持、引導非公有制經濟發

展。推進產權保護法治化，依法保護各種所有制經濟權益。

公有制為主體、多種所有制經濟共同發展的基本經濟制度，是中國特色社會主義制度的重要支柱，也是社會主義市場經濟體制的根基。公有制經濟和非公有制經濟都是社會主義市場經濟的重要組成部分，都是中國經濟社會發展的重要基礎。必須毫不動搖鞏固和發展公有制經濟，堅持公有制主體地位，發揮國有經濟主導作用，不斷增強國有經濟活力、控制力、影響力。必須毫不動搖鼓勵、支持、引導非公有制經濟發展，激發非公有制經濟活力和創造力。

(三)深化國有企業改革，增強國有經濟活力、控制力、影響力、抗風險能力。分類推進國有企業改革，完善現代企業制度。完善各類國有資產管理體制，以管資本為主加強國有資產監管，防止國有資產流失。健全國有資本合理流動機制，推進國有資本佈局戰略性調整，引導國有資本更多投向關係國家安全、國民經濟命脈的重要行業和關

？ Q&A

問：國有企業改革如何「再造自我」？

答：「十三五規劃」《建議》提出，深化國有企業改革，增強國有經濟活力、控制力、影響力、抗風險能力。健全國有資本合理流動機制，推進國有資本佈局戰略性調整，引導國有資本更多投向關係國家安全、國民經濟命脈的重要行業和關鍵領域，堅定不移把國有企業做強做優做大，更完善地服務於國家戰略目標。國有企業改革就是要釋放活力。沿著混合所有制改革的主線，引入非國有資本參與國有企業改革、完善國有企業決策機制、增加市場化選聘比例，能為國有企業改革注入新風。

鍵領域，堅定不移把國有企業做強做優做大，更完善地服務於國家戰略目標。

深化國有企業改革的重點包括：①推動國有企業完善現代企業制度；②準確界定不同國有企業功能；③健全協調運轉、有效制衡的公司法人治理結構。

(四)鼓勵民營企業依法進入更多領域，引入非國有資本參與國有企業改革，激發非公有制經濟活力和創造力。

非公有制經濟在支撐增長、促進創新、擴大就業、增加稅收等方面具有重要作用。要堅持權利平等、機會平等、規則平等，廢除對非公有制經濟各種形式的不合理規定，消除各種隱性壁壘，制定非公有制企業進入特許經營領域的具體辦法。鼓勵非公有制企業參與國有企業改革，鼓勵發展非公有資本控股的混合所有制企業，鼓勵有條件的私營企業建立現代企業制度。實行統一的市場准入制度，在制定負面清單基礎上，各類市場主體可依法平等進入清單之外領域。

 專家評論

汪玉凱（國家行政學院教授）：全面實施市場准入負面清單制度，對企業來說意味著「法無禁止皆可為」，對於政府來說則是「法無授權不可為」。當前，只有最大限度減少市場准入限制，降低投資、創業門檻，才能把各類市場主體的潛力活力充分激發出來。

(五)優化企業發展環境。開展降低實體經濟企業成本行動，優化營運模式，增強盈利能力。限制政府對企業經營決策的干預，減少行

政審批事項。清理和規範涉企行政事業性收費，減輕企業負擔，完善公平競爭、促進企業健康發展的政策和制度。激發企業家精神，依法保護企業家財產權和創新收益。

沒有完善的產權保護制度，就沒有成功的經濟發展模式。應當採取更有力的措施遏制對民企財產權利的非法侵奪，從制度建設入手，維護保障民營企業家的人身權利和經營自由。這其中既包括遏制公權力的濫用，也應包括對非公有制經濟人士更多合法政治參與的鼓勵（但要杜絕那種官商勾結式的非法或灰色政治參與），使他們有更多的進行合法利益表達的途徑。

(六)加快形成統一開放、競爭有序的市場體系，建立公平競爭保障機制，打破地域分割和行業壟斷。深化市場配置要素改革，促進人才、資金、科研成果等在城鄉、企業、大學、科研機構間有序流動。

建設統一開放、競爭有序的市場體系，是使市場在資源配置中起決定性作用的基礎。必須加快形成企業自主經營、公平競爭，消費者自由選擇、自主消費，商品和要素自由流動、平等交換的現代市場體系，著力清除市場壁壘，提高資源配置效率和公平性。

(七)深化財稅體制改革，建立健全有利於轉變經濟發展方式、形成全國統一市場、促進社會公平正義的現代財政制度，建立稅種科學、結構優化、法律健全、規範公平、徵管高效的稅收制度。建立事權和支出責任相適應的制度，適度加強中央事權和支出責任。調動各方面積極性，考慮稅種屬性，進一步理順中央和地方收入劃分。建立全面規範、公開透明預算制度，完善政府預算體系，實施跨年度預算平衡機制和中期財政規劃管理。建立規範的地方政府舉債融資體制。健全優先使用創新產品、綠色產品的政府採購政策。

財政是國家治理的基礎和重要支柱，科學的財稅體制是滿足公共需

要、優化資源配置、維護市場統一、促進社會公平、實現國家長治久安的制度保障。必須完善立法、明確事權、改革稅制、穩定稅負、透明預算、提高效率，建立現代財政制度，發揮中央和地方兩個積極性。

專家評論

樓繼偉（財政部黨組書記、部長）：深化財稅體制改革是一項複雜的系統工程，在實施過程中，要注意處理好政府與市場的關係，發揮中央與地方兩個積極性，兼顧效率與公平，統籌當前與長遠。一方面要明確改革邏輯順序、主攻方向、工作機制、推進方式，增強改革的整體性、系統性、協調性，對於財稅體制改革中一些矛盾集中、情況複雜的「硬骨頭」，要堅決衝破傳統觀念的束縛，以壯士斷腕的精神，盡快在重要領域和關鍵環節取得改革新進展。另一方面，要注重改革的統籌性，使財稅改革與其他方面改革相互銜接、形成合力，以握指成拳、集中發力的方式，將一項項任務落實到位。

（八）加快金融體制改革，提高金融服務實體經濟效率。健全商業性金融、開發性金融、政策性金融、合作性金融分工合理、相互補充的金融機構體系。構建多層次、廣覆蓋、有差異的銀行機構體系，擴大民間資本進入銀行業，發展普惠金融，著力加強對中小微企業、農村特別是貧困地區金融服務。積極培育公開透明、健康發展的資本市場，推進股票和債券發行交易制度改革，提高直接融資比重，降低槓桿率。開發符合創新需求的金融服務，推進高收益債券及股債相結合的融資方式。推進匯率和利率市場化，提高金融機構管理水平和服務品質，降低企業融資成本。規範發展互聯網金融。加快建立巨災保險

制度，探索建立保險資產交易機制。

完善金融市場體系。擴大金融業對內對外開放，在加強監管前提下，允許具備條件的民間資本依法發起設立中小型銀行等金融機構。推進政策性金融機構改革。健全多層次資本市場體系，推進股票發行註冊制改革，多渠道推動股權融資，發展並規範債券市場，提高直接融資比重。完善保險經濟補償機制，建立巨災保險制度。發展普惠金融。鼓勵金融創新，豐富金融市場層次和產品。

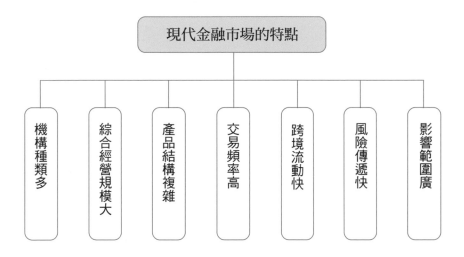

完善人民幣匯率市場化形成機制，加快推進利率市場化，健全反映市場供求關係的國債收益率曲線。推動資本市場雙向開放，有序提高跨境資本和金融交易可兌換程度，建立健全宏觀審慎管理框架下的外債和資本流動管理體系，加快實現人民幣資本項目可兌換。

(九)加強金融宏觀審慎管理制度建設，加強統籌協調，改革並完善適應現代金融市場發展的金融監管框架，健全符合中國國情和國際標準的監管規則，實現金融風險監管全覆蓋。完善國有金融資本和外匯儲備管理制度，建立安全高效的金融基礎設施，有效運用和發展金融風險管理工具。防止發生系統性區域性金融風險。

金融是現代經濟的核心，在很大程度上影響甚至決定著經濟健康發展。現代金融發展呈現出機構種類多、綜合經營規模大、產品結構複雜、交易頻率高、跨境流動快、風險傳遞快、影響範圍廣等特點。國際金融危機發生以來，主要經濟體都對其金融監管體制進行了重大改革。主要做法是統籌監管系統重要金融機構和金融控股公司，尤其是負責對這些金融機構的審慎管理；統籌監管重要金融基礎設施，包括重要的支付系統、清算機構、金融資產登記託管機構等，維護金融基礎設施穩健高效運作；統籌負責金融業綜合統計，通過金融業全覆蓋的數據收集，加強和改善金融宏觀調控，維護金融穩定。這些做法都值得我們研究和借鑒。

七、創新和完善宏觀調控方式

　　《建議》指出，按照總量調節和定向施策並舉、短期和中長期結合、國內和國際統籌、改革和發展協調的要求，完善宏觀調控，採取

創新和完善宏觀調控方式關鍵詞

調整結構
精準調控
運用大數據技術　穩定物價　提高效益
短期和中長期結合
國內和國際統籌
減少政府對價格形成的干預
相機調控　按照總量調節和定向施策併舉
改革和發展協調
預調微調
宏觀調控
防控風險
期性和透明度　增強可預　完善政策體系
保護環境
政策協調性　增強財政貨幣
創新調控
擴大就業
思路和政策工具
穩定政策基調

相機調控、精準調控措施，適時預調微調，更加注重擴大就業、穩定物價、調整結構、提高效益、防控風險、保護環境。

（一）依據國家中長期發展規劃目標和總供求格局實施宏觀調控，穩定政策基調，增強可預期性和透明度，創新調控思路和政策工具，在區間調控基礎上加大定向調控力度，增強針對性和準確性。完善以財政政策、貨幣政策為主，產業政策、區域政策、投資政策、消費政策、價格政策協調配合的政策體系，增強財政貨幣政策協調性。運用大數據技術，提高經濟運作資訊及時性和準確性。

宏觀調控的主要任務是保持經濟總量平衡，促進重大經濟結構協調和生產力佈局優化，減緩經濟週期波動影響，防範區域性、系統性風險，穩定市場預期，實現經濟持續健康發展。健全以國家發展戰略和規劃為導向、以財政政策和貨幣政策為主要手段的宏觀調控體系，推進宏觀調控目標制定和政策手段運用機制化，加強財政政策、貨幣政策與產業、價格等政策手段協調配合，提高相機抉擇水平，增強宏觀調控前瞻性、針對性、協同性。形成參與國際宏觀經濟政策協調的機制，推動國際經濟治理結構完善。

（二）減少政府對價格形成的干預，全面放開競爭性領域商品和服務價格，放開電力、石油、天然氣、交通運輸、電信等領域競爭性環節價格。

完善主要由市場決定價格的機制。凡是能由市場形成價格的都交給市場，政府不進行不當干預。推進水、石油、天然氣、電力、交通、電信等領域價格改革，放開競爭性環節價格。政府定價範圍主要限定在重要公用事業、公益性服務、網絡型自然壟斷環節，要提高透明度，接受社會監督。完善農產品價格形成機制，注重發揮市場形成價格作用。

(三)建立風險識別和預警機制，以可控方式和節奏主動釋放風險，重點提高財政、金融、能源、礦產資源、水資源、糧食、生態環保、安全生產、網路安全等方面風險防控能力。

　　當前，中國正處於工業化、城鎮化快速發展時期，各種傳統的和非傳統的、自然的和社會的風險、矛盾交織並存，公共安全和應急管理工作面臨的形勢更加嚴峻。風險識別是指在風險事故發生之前，人們運用各種方法系統連續地認識所面臨的各種風險，以及分析風險事故發生的潛在原因。預警機制，是指預先發佈警告的制度，通過及時提供警示的機構、制度、網絡、舉措等構成的預警系統，實現資訊的超前反饋，為及時佈置、防風險於未然奠定基礎。

第四講

堅持協調發展，著力形成平衡發展結構

一 推動區域協調發展

二 推動城鄉協調發展

三 推動物質文明和精神文明協調發展

四 推動經濟建設和國防建設融合發展

《建議》第四部分內容要點

1 推動區域協調發展

· 深入實施西部大開發
· 推動東北地區等老工業基地振興
· 促進中部地區崛起
· 支持東部地區率先發展
· 支持革命老區、民族地區、邊疆地區、貧困地區加快發展
· 培育若干帶動區域協同發展的增長極

2 推動城鄉協調發展

· 發展特色縣域經濟，增強農村發展內生動力
· 推進以人為核心的新型城鎮化
· 促進城鄉公共資源均衡配置，加強社會主義
  新農村建設

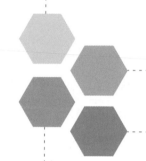

3 推動物質文明和精神文明協調發展

· 加強理論建設和思想建設，注重通過法律和政策
  向社會傳導正確價值取向
· 扶持優秀文化產品創作生產，繁榮文化事業
· 深化文化體制改革，完善公共文化體系建設
· 牢牢把握正確輿論導向，健全社會輿情引導機制
· 推動傳統媒體和新興媒體融合發展
· 加強國際傳播能力建設，推動中華文化走出去

4 推動經濟建設和國防建設融合發展

· 全面推進國防和軍隊建設
· 健全軍民融合發展的組織管理體系、工作運作體系、政策制度體系
· 加強全民國防教育和後備力量建設

《建議》指出，增強發展協調性，必須堅持區域協同、城鄉一體、物質文明精神文明並重、經濟建設國防建設融合，在協調發展中擴寬發展空間，在加強薄弱領域中增強發展後勁。

一、推動區域協調發展

　　《建議》指出，要塑造要素有序自由流動、主體功能約束有效、基本公共服務均等、資源環境可承載的區域協調發展新格局。

　　區域協調發展是創新、改革和開放能否真正深化的「試金石」。要採取有力措施促進區域協調發展、城鄉協調發展，加快落後地區發展，積極推進城鄉發展一體化和城鄉基本公共服務均等化。

　　中國地域廣闊，陸地面積九百六十萬平方公里，海洋面積三百萬平方公里，自然、經濟、地理、資源等各種因素決定了中國區域發展是不平衡的。中國共產黨黨中央提出的區域經濟發展戰略是推動經濟發展的重大動力。近年來，在區域發展上已經出台了一些重要的戰略，傳統上的四大板塊為東部、中部、西部和東北地區老工業基地。從二〇一三年開始，習近平總書記和中共中央又提出了「一帶一路」、京津冀協同發展和長江經濟帶三大戰略，從而構成了比較完整的區域協調發展格局。此外，通過珠江、西江流域帶動「9＋2」的泛珠三角發展，對區域協調發展也會發揮積極的作用。

　　結合經濟關係日益複雜、社會需求日益豐富等狀況，今後應進一步擴展區域協調發展的內容或要素。未來一段時期，應考慮逐漸將涉及人均收入和財富、城鄉協調發展狀況、地區宜居程度、區域可持續發展能力等方面的內容作為衡量區域協調發展的標準。必須準確把握發展階段的變化趨勢，不斷優化促進區域協調發展的內容和內涵。必須推進中國特色的新型工業化、資訊化、城鎮化、農業現代化及其相互間的融合協調和互動。

專家評論

范恆山（國家發展改革委地區司司長）：這些年，從現實基礎和發展要求統籌考慮，我們形成了衡量區域協調發展的標準，但基於與時俱進和不斷精細化的要求，還應努力在三個方面深化標準體系的研究並實現突破：一是注重全面性，二是體現階段性，三是具有可計量性。

（一）深入實施西部大開發，支持西部地區改善基礎設施，發展特色優勢產業，強化生態環境保護。推動東北地區等老工業基地振興，促進中部地區崛起，加大國家支持力度，加快市場取向改革。支持東部地區率先發展，以便輻射帶動其他地區。支持革命老區、民族地區、邊疆地區、貧困地區加快發展，加大對資源枯竭、產業衰退、生態嚴重退化等困難地區的支持力度。

西部開發、東北振興、中部崛起和東部率先，構成了國家「十一五」「十二五」規劃區域發展的總體戰略，在促進區域協調發展方面發揮了作用。但是，以前的規劃忽略了板塊內部的差異性，往往「一刀切」。「四大板塊」政策單元過大，每個板塊內部存在顯著的自然條件和發展基礎的差異。在「十三五規劃」中，區域發展和空間佈局方面將達到新的高度，突出區域差異性。

在區域協調發展的過程中，要將區域的差異化發展和綜合發展結合起來。通過市場化等手段提高行業集中度，通過行業內的分工、產品的分工實現差異化發展，通過分工的細化形成產業鏈的不同環節。在注重差異化的同時，構建統一大市場也是關鍵。各個區域之間的差距要控制在可控的範圍內，不能過大。要使各區域的比較優勢能夠充分發揮，區域之間能夠形成分工合作的格局，而不是各地都是一個自

西部大開發

東北地區老工業基地振興
中部地區崛起

東部地區
率先發展

革命老區
民族地區
邊疆地區
貧困地區加快發展

生體系。區域之間要能夠消除壁壘，形成統一的市場，基本公共服務均等，要素在各區域之間自由地流動。

（二）培育若干帶動區域協同發展的增長極。推動京津冀協同發展，優化城市空間佈局和產業結構，有序疏解北京非首都功能，推進交通一體化，擴大環境容量和生態空間，探索人口經濟密集地區優化開發新模式。推進長江經濟帶建設，改善長江流域生態環境，高起點建設綜合立體交通走廊，引導產業優化佈局和分工協作。

中國已初步形成京津冀、長三角、珠三角、長江中游、成渝、中原、哈長等城市群。下一步，需要推進城市群一體化發展，強化城市群內部功能整合，提升城市群整體國際競爭力，同時加強對周邊地區的輻射力。順應城市群和經濟區相互耦合的趨勢，推進空間結構的優化。應進一步加強對城市群、經濟帶和重點經濟區的規劃引導。

京津冀協同發展戰略的核心是京津冀三地作為一個整體協同發展。要以疏解非首都核心功能、解決北京「大城市病」為基本出發點，堅持問題導向，堅持重點突破，堅持改革創新，立足各自比較優

京津冀區域發展示意圖

北京發展定位
政治中心、文化中心、國際交往中心和科技創新中心

河北省功能定位
打造京津保三角核心區，做大保定城市規模，以保定、廊坊為首都功能疏解的集中承載地和京津產業轉移的重要承載地，與京津形成京津冀城市群的核心區

天津發展定位
國際港口城市、北方經濟中心和生態城市

保定發展定位
● 承接首都部分行政事業單位、高等院校、科研院所和醫療養老等功能疏解職能
● 以白洋淀科技城、京南現代產業基地、首都服務功能承接區為載體，發展高端裝備製造、新能源、節能環保和臨空經濟、現代物流等產業

京津冀區域高鐵示意圖

規劃中的北京七環

張家口　密雲　承德　北京　涿州　天津　唐山　保定　石家莊

京瀋客運專線　京張城際鐵路　京唐客運專線　京津城際鐵路　津保城際鐵路　京石客運專線

140km　145km　125km

勢、立足現代產業分工要求、立足區域優勢互補原則、立足合作共贏理念，以資源環境承載能力為基礎、以京津冀城市群建設為載體、以優化區域分工和產業佈局為重點、以資源要素空間統籌規劃利用為主線、以構建長效體制機制為抓手，著力調整優化經濟結構和空間結構，著力構建現代化交通網絡系統，著力擴大環境容量生態空間，著力推進產業升級轉移，著力推動公共服務共建共享，著力加快市場一體化進程，加快打造現代化新型首都圈，努力形成京津冀目標同向、措施一體、優勢互補、互利共贏的協同發展新格局，打造中國經濟發展新的支撐帶。

　　長江經濟帶覆蓋上海、江蘇、浙江、安徽、江西、湖北、湖南、

重慶、四川、雲南、貴州十一個省市，面積約兩百零五萬平方公里，人口和生產總值均超過全中國的百分之四十。長江經濟帶橫跨中國東、中、西三大區域，具有獨特優勢和巨大發展潛力。改革開放以來，長江經濟帶已發展成為中國綜合實力最強、戰略支撐作用最大的區域之一。依托黃金水道推動長江經濟帶發展，打造中國經濟新支撐帶，是中國共產黨黨中央、國務院審時度勢，謀劃中國經濟新格局作出的既利當前又惠長遠的重大戰略決策。

二、推動城鄉協調發展

《建議》提出，堅持工業反哺農業、城市支持農村，健全城鄉發展一體化體制機制，推進城鄉要素平等交換、合理配置和基本公共服務均等化。

（一）發展特色縣域經濟，加快培育中小城市和特色小城鎮，促進農產品精深加工和農村服務業發展，擴展農民增收渠道，完善農民收入增長支持政策體系，增強農村發展內生動力。

特色縣域經濟就是把縣域經濟和特色經濟結合起來。在一定意義上，縣域經濟就是特色經濟，發展縣域經濟就必須圍繞地方，堅持資源開發與市場需求的統一，找準地方特色和市場對接的著力點，突出重點，依靠特色，培育產業鏈條，使資源特色經濟產業化，實現以特色產業帶動縣域經濟發展的整體發展。發展縣域經濟是繁榮農村經濟的重要保證，是小城鎮發展的重要基礎。縣域經濟是農村富餘勞動力轉移和農民增收的重要途徑，可以形成區域特色經濟，壯大農業經濟規模，進而推動城鎮化的發展。

（二）推進以人為核心的新型城鎮化。提高城市規劃、建設、管理水平。深化戶籍制度改革，促進有能力在城鎮穩定就業和生活的農業

轉移人口舉家進城落戶，並與城鎮居民有同等權利和義務。實施居住證制度，努力實現基本公共服務常住人口全覆蓋。健全財政轉移支付與農業轉移人口市民化掛鉤機制，建立城鎮建設用地增加規模與吸納農業轉移人口落戶數量掛鉤機制。維護進城落戶農民土地承包權、宅基地使用權、集體收益分配權，支持引導其依法自願有償轉讓上述權益。深化住房制度改革。加大城鎮棚戶區和城鄉危房改造力度。

新型城鎮化，是指堅持以人為本，以新型工業化為動力，以統籌兼顧為原則，推動城市現代化、城市集群化、城市生態化、農村城鎮化，全面提升城鎮化品質和水平，走科學發展、集約高效、功能完

 深度解析

戶籍制度要推進改革，關鍵是資金。中國社會科學院發佈的《城市藍皮書（2013年）》稱，目前中國東、中、西部地區農業轉移人口市民化的人均公共成本分別為十七萬六千元、十萬四千元和十萬六千元，全中國平均為十三萬一千元／人。同時，《城市藍皮書》預計：到二〇三〇年中國的城鎮化率將達到百分之六十八左右，二〇二〇年之前全中國大約有三億、二〇三〇年之前大約有三億九千萬農業轉移人口需要實現市民化。要解決三億九千萬農民市民化問題，政府公共成本需要支出約五十一兆一千億元。這筆巨額支出將成為財政負擔。戶籍制度改革的推進離不開資金的支持，更離不開老百姓觀念的轉變。戶籍制度改革背後的利益問題固然是關鍵，不過近九成農民不願意落戶城市的現象更應引起社會的關注。要想真正對戶籍制度進行改革，真正取消農業與非農戶口界限，打破城鄉二元壁壘，除了考慮財稅政策等改革、解決好公用服務均等化成本問題，還要改變農民對戶籍制度改革的想法，促進人們更詳細瞭解和接受戶籍制度改革。

善、環境友好、社會和諧、個性鮮明、城鄉一體、大中小城市和小城鎮協調發展的城鎮化建設路子。新型城鎮化的「新」就是要由過去片面注重追求城市規模擴大、空間擴張，改變為以提升城市的文化、公共服務等內涵為中心，真正使我們的城鎮成為具有較高品質的適宜人居之所。城鎮化的核心是農村人口轉移到城鎮，而不是建高樓、建廣場。農村人口轉移不出來，不僅農業的規模效益出不來，擴大內需也無法實現。

《國家新型城鎮化規劃（2014至2020年）》提出，以人的城鎮化為核心，合理引導人口流動，有序推進農業轉移人口市民化，穩步推進城鎮基本公共服務常住人口全覆蓋，不斷提高人口素質，促進人的全面發

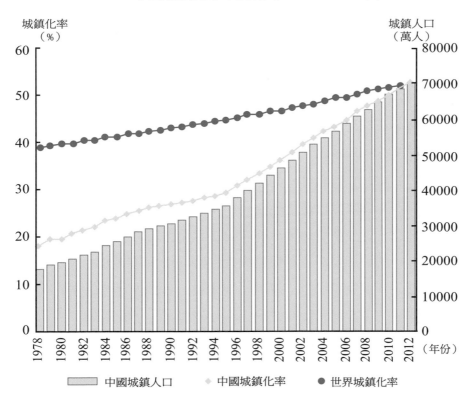

中國城鎮化水平變化（1978—2012年）

資料來源：《國家新型城鎮化規劃（2014至2020年）》

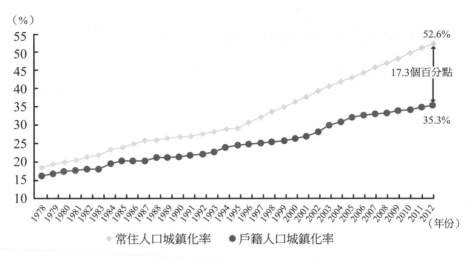

中國常住人口城鎮化率與戶籍人口城鎮化率的差距（1978—2012年）

資料來源：《國家新型城鎮化規劃（2014 至 2020 年）》

展和社會公平正義，使全體居民共享現代化建設成果。

　　（三）促進城鄉公共資源均衡配置，健全農村基礎設施投入長效機制，把社會事業發展重點放在農村和接納農業轉移人口較多的城鎮，推動城鎮公共服務向農村延伸。提高社會主義新農村建設水平，開展農村人居環境整治行動，加大傳統村落民居和歷史文化名村名鎮保護力度，建設美麗宜居鄉村。

　　公共資源均衡配置是以社會公正為原則，基於城鄉一體化、和諧化發展理念，對公共資源實行的城鄉之間相對均衡的資源配置模式。近年來，中國城鄉公共資源配置失衡的狀況越來越突出，城鎮的醫療衛生建設、社會保障建設、基礎設施建設、基礎教育建設等明顯優於農村，農民的生存權和發展權得不到有效保障。長此以往，必將影響社會的安全穩定運作，不利於社會的和諧發展。

　　城鄉公共資源均衡配置的實質是消除城鄉之間公共資源配置的差異性，將醫療、教育、衛生、基礎設施等公共資源適當向農村傾斜，

不斷提高農村公共資源配置水平，使農村公共資源配置與城市公共資源配置達到一個相對均衡的狀態，最終實現城鄉一體化。

在進行城鄉公共資源均衡配置制度安排時，需從頂層設計視角，將城市和農村作為一個整體來考量，統籌規劃，合理配置公共資源，改變過去「頭痛醫頭，腳痛醫腳」的局面，徹底改變中國城鄉公共資源配置失衡局面。

三、推動物質文明和精神文明協調發展

《建議》指出，堅持「兩手抓、兩手都要硬」，堅持社會主義先進文化前進方向，堅持以人民為中心的工作導向，堅持把社會效益放在首位、社會效益和經濟效益相統一，堅定文化自信，增強文化自覺，加快文化改革發展，加強社會主義精神文明建設，建設社會主義文化強國。

(一)堅持用鄧小平理論、「三個代表」重要思想、科學發展觀和習近平總書記系列重要講話精神武裝全黨、教育人民，用中國夢和社會主義核心價值觀凝聚共識、匯聚力量。深化馬克思主義理論研究和建設工程，加強思想道德建設和社會誠信建設，增強國家意識、法治意識、社會責任意識，倡導科學精神，弘揚中華傳統美德，注重通過法律和政策向社會傳導正確價值取向。

(二)扶持優秀文化產品創作生產，加強文化人才培養，繁榮發展文學藝術、新聞出版、廣播影視事業。實施哲學社會科學創新工程，建設中國特色新型智庫。構建中華優秀傳統文化傳承體系，加強文化遺產保護，振興傳統工藝，實施中華典籍整理工程。加強和改進基層

宣傳思想文化工作，深化各類群眾性精神文明創建活動。

　　要建立健全有利於文化工作者深入實際、深入生活、深入群眾的體制機制，充分調動文化工作者的積極性和創造性，努力營造有利於文化創新的良好環境。建立以文化生產單位和個人為主體、以優秀文藝作品的市場化開發為重點、以完備的產業鏈和完整的價值鏈為依托、以版權保護為保障的文化創新機制。敏銳反映社會實踐的新領域、表現主體的新變化和受眾的新要求，積極運用高新技術手段推動形式創新，催生新的文藝品種，增強文化產品的表現力、感染力和傳播力。

　　要完善文化產品評價體系和激勵機制。堅持把遵循社會主義先進文化前進方向、民眾滿意作為評價作品的最高標準，把群眾評價、專家評價和市場檢驗統一起來，形成科學的評價標準。建立公開、公平、公正的評獎機制，加強文藝理論建設和文藝評論陣地建設，加大優秀文化產業推廣力度，維護著作權人合法權益。

　　(三)深化文化體制改革，實施重大文化工程，完善公共文化服務體系、文化產業體系、文化市場體系。推動基本公共文化服務標準化、均等化發展，引導文化資源向城鄉基層傾斜，創新公共文化服務方式，保障人民基本文化權益。推動文化產業結構優化升級，發展骨幹文化企業和創意文化產業，培育新型文化業態，擴大和引導文化消費。普及科學知識。倡導全民閱讀。發展體育事業，推廣全民健身，增強人民體質。做好二〇二二年北京冬季奧運會籌辦工作。

　　要按照公益性、基本性、均等性、便利性的要求，以公共財政為支撐，以公益性文化單位為骨幹，以全體人民為服務對象，以保障民眾看電視、聽廣播、讀書看報、進行公共文化鑒賞、參與公共文化活動等基本文化權益為主要內容，完善覆蓋城鄉、結構合理、功能健全、實用高效的公共文化服務體系。構建結構合理、門類齊全、科技

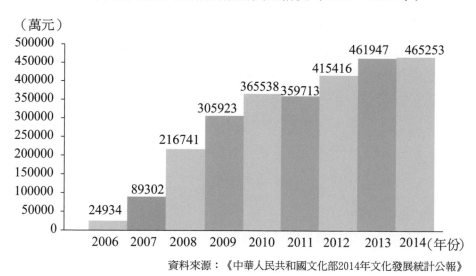

中央對地方文化項目補助資金情況（2006—2014年）

（萬元）

資料來源：《中華人民共和國文化部2014年文化發展統計公報》

深度解析

　　文化產業的本質是創新，文化產品的核心是人的創造力。增強創新創造能力，不僅需要資本投入、土地供應和硬體設施，還要有良好的人力資本積累和優良的制度環境。在文化產業發展的差距上，單純看待產品、產業、增加值佔GDP比重等指標是遠遠不夠的。與美國、日本等發達國家相比，中國文化產業發展的最大差距是人力資本與制度環境。即使一些地區擁有了較好的自然人文資源基礎，但文化創意人才不足、經費投入少、市場主體弱、支持政策難落實等環境問題，也嚴重制約著文化產業發展上規模、上水平。目前，全中國已有三分之二的省（自治區、直轄市）把文化產業作為重要產業或支柱產業來發展，這為文化產業大發展創造了良好的機遇。但也要認識到，中國文化產業仍處於初級階段，文化產業成長為國民經濟支柱產業，還需要一個長期的過程。

含量高、富有創意、競爭力強的現代文化產業體系，推動文化產業跨越式發展，使之成為新的經濟增長點、經濟結構戰略性調整的重要支點、轉變經濟發展方式的重要著力點，為推動科學發展提供重要支撐。加快轉變文化產業發展方式，促進從粗放型向集約型、品質效益型轉變，增強文化產業整體實力和競爭力。以建立現代企業制度為重點，加快推進經營性文化單位改革，培育合格市場主體。加快發展各類文化產品和要素市場，打破條塊分割、地區封鎖、城鄉分離的市場格局，構建統一、開放、競爭有序的現代文化市場體系，促進文化產品和要素在全國範圍內合理流動。重點發展圖書報刊、電子音像製品、演出娛樂、影視劇、動漫遊戲等產品市場，進一步完善中國國際文化產業博覽交易會等綜合交易平台。

（四）牢牢把握正確輿論導向，健全社會輿情引導機制，傳播正能量。加強網上思想文化陣地建設，實施網路內容建設工程，發展積極向上的網路文化，淨化網路環境。推動傳統媒體和新興媒體融合發展，加快媒體數位化建設，打造一批新型主流媒體。優化媒體結構，

 深度解析

當前，隨著衛星電視、互聯網等傳媒新技術的迅速發展和廣泛普及，傳媒格局和輿論形成機制發生深刻變化，特別是網上論壇、新聞跟帖、博客播客、聊天評論等十分活躍，很容易將一些非主流輿論發酵催化，形成輿論熱點。輿情作為公共情緒，既有感情又有思想，具有很大的易變性和非穩定性。面對魚龍混雜的網路社會，政府更應該掌握輿論的「制高點」，起到「燈塔」、導航作用。

規範傳播秩序。加強國際傳播能力建設，創新對外傳播、文化交流、文化貿易方式，推動中華文化走出去。

輿論是民眾對於公共事務公開表達的具有影響力的意見，輿情則是民眾關於現實社會中各種現象、問題所表達的政治信念、態度、意見和情緒的總和。網路輿論是民眾對於公共事務通過資訊網路公開表達的具有影響力的意見；網路輿情就是民眾通過互聯網對政府管理以及現實社會中各種現象、問題所表達的政治信念、態度、意見和情緒的總和。網路輿情具有傳播範圍廣、速度快、影響大的特點。健全網上輿論引導機制，讓正面輿情佔領輿論主陣地，成為加強和創新社會管理、構建和諧社會的重要任務之一。

四、推動經濟建設和國防建設融合發展

《建議》指出，堅持發展和安全兼顧、富國和強軍統一，實施軍民融合發展戰略，形成全要素、多領域、高效益的軍民深度融合發展格局。

當今世界，隨著新一輪科技革命、產業革命的孕育興起和世界新軍事革命的加速發展，社會經濟形態、技術形態和戰爭形態深刻演變，軍民融合已經成為時代潮流，成為各國綜合國力競爭和軍事競爭的一種新趨勢。實施軍民融合發展戰略，就是搶佔經濟、科技、軍事競爭的制高點，奪取未來戰爭的主動權。尤其是在中國經濟發展進入新常態的背景下，推進軍民融合，有利於促進經濟發展方式轉變和經濟結構調整，有利於增強國家戰爭潛力和國防實力。

(一)與全面建成小康社會進程相一致，全面推進國防和軍隊建設。在新形勢下的強軍目標為引領，貫徹新形勢下軍事戰略方針，加強軍隊中黨的建設和思想政治建設，加強各方向各領域軍事鬥爭準

備，加強新型作戰力量建設，加快推進國防和軍隊改革，深入推進依法治軍、從嚴治軍。到二〇二〇年，基本完成國防和軍隊改革目標任務，基本實現機械化，資訊化取得重大進展，構建能夠打贏資訊化戰爭、有效履行使命任務的中國特色現代軍事力量體系。

十八大以來，圍繞國防和軍隊改革，習近平召開多次軍隊會議，多次深入解放軍、軍隊院校和武警部隊進行視察，系統總結了中國共產黨建軍治軍的成功經驗，提出「建設一支聽黨指揮、能打勝仗、作風優良的人民軍隊」的強軍目標，考量國際戰略形勢和國家安全環境發展變化，積極開創軍事外交實踐，為構建中國特色現代軍事力量體系、實現中華民族偉大復興的中國夢提供安全保障。

在軍隊和國防建設中推進改革，就是要強化改革創新理念，不僅在武器裝備上升級換代，更要推進軍事力量體系的架構重組。在軍隊改革中，軍事技術是根基，軍事理論構想是藍圖，軍事力量體系重構則是主體建築，具有根本性、全局性、整體性和決定性意義。深化國防和軍隊改革，推動中國特色軍事變革深入發展，構建中國特色現代軍事力量體系，有助於解決軍隊建設面臨的突出矛盾和問題，為維護國家主權、安全、發展利益和全面建成小康社會提供重要力量支撐和堅強安全保障。

 Q&A

問：軍隊改革的指導思想是什麼？

答：第一，把握改革的正確方向，以強軍為改革目標；第二，堅持中國共產黨對軍隊的絕對領導，充分發揮中國特色社會主義軍事制度的優越性；第三，牢牢把握能打仗、打勝仗這個聚焦點；第四，牢牢把握軍隊組織形態現代化這個指向。

（二）健全軍民融合發展的組織管理體系、工作運作體系、政策制度體系。建立國家和各省（自治區、直轄市）軍民融合領導機構。制定統籌經濟建設和國防建設專項規劃。深化國防科技工業體制改革，建立國防科技協同創新機制。推進軍民融合發展立法。在海洋、太空、網路空間等領域推出一批重大項目和舉措，打造一批軍民融合創新示範區，增強先進技術、產業產品、基礎設施等軍民共用的協調性。

長期以來，軍隊和地方在軍民融合發展上積極探索實踐，取得了豐碩成果，促進了經濟實力和國防實力的同步增長。但中國軍民融合發展剛進入由初步融合向深度融合的過渡階段，仍存在思想觀念跟不上、頂層統籌統管體制缺乏、政策法規和運作機制滯後、工作執行力度不夠等問題。這些問題如果得不到有效解決，軍民融合就只能在低層次徘徊。

推動經濟建設和國防建設融合發展，必須在「四個強化」上下功夫。一是強化大局意識，樹立「一盤棋」思想，自覺站在國家發展全局的高度思考問題、推動工作。地方要注重在經濟建設中貫徹國防需求，自覺把經濟佈局調整與國防佈局完善有機結合起來；軍隊要遵循國防經濟規律和資訊化條件下戰鬥力建設規律，自覺將國防和軍隊建設融入經濟社會發展體系。二是強化改革創新，打破軍民二元分離結構，著力解決制約軍民融合發展的體制性障礙、結構性矛盾、政策性問題。三是強化戰略規劃，加強監督檢查、建立問責機制，提高規劃的約束力和執行力。四是強化法治保障，善於運用法治思維和法治方式推動軍民融合發展，提高軍民融合發展法治化水平。

（三）加強全民國防教育和後備力量建設。加強現代化武裝警察部隊建設。密切軍政軍民團結。黨政軍警民合力強邊固防。各級黨委和政府要積極支持國防建設和軍隊改革，人民解放軍和武警部隊要積極支援經濟社會建設。

和平時期，人民的國防觀念容易淡薄，從而可能使後備力量建設失去持續的社會動力，這就需要透過加強全民性國防教育，不斷增強人們的國防觀念。加強國防教育，增強全民國防觀念，是中國共產黨黨中央提出的一項戰略任務。要適應時代要求，進一步提高國防教育的針對性和實效性。一要進一步豐富教育內容。緊緊圍繞弘揚愛國主義精神這個主題，針對不同群體人員特點，紮實開展多樣化的學習教育。二要進一步擴展教育陣地。當前，還要特別注重利用微博、微信、短信、手機報等各類資訊平台開展國防教育宣傳，進一步擴展國防教育的陣地。三要進一步創新教育方法。要堅持以民眾的關注點為宣傳教育的切入點，把思想引導、輿論宣傳、活動滲透、環境渲染等方法有機結合起來，不斷增強國防教育的效果。

　　後備力量是國家武裝力量的重要組成部分，是實現軍民結合、寓軍於民的有效形式。中國疆域遼闊、人口眾多，保持一定規模的後備力量是必要的。從實踐來看，現有後備力量總體規模偏大，建設重點不夠突出，職能定位不清楚。應按照科學發展觀要求，深入研究特點規律，努力提高後備力量編組品質。一是科學定位，推進轉型。二是精確需求，突出重點。三是調整隊伍，優化結構。四是擴展領域，靈活編組。

第五講

堅持綠色發展，著力改善生態環境

一　促進人與自然和諧共生

二　加快建設主體功能區

三　推動低碳循環發展

四　全面節約和高效利用資源

五　加大環境治理力度

六　築牢生態安全屏障

《建議》第五部分內容要點

1 促進人與自然和諧共生
- 構建科學合理的城市化格局
- 支持綠色清潔生產，建立綠色低碳循環發展產業體系
- 加強資源環境國情和生態價值觀教育

2 加快建設主體功能區
- 推動各主體功能區依據主體功能定位發展
- 維護生物多樣性
- 以市縣級行政區為單元，建立由空間規劃、用途管制等構成的空間治理體系

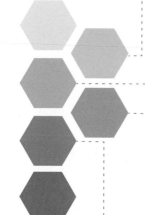

3 推動低碳循環發展
- 推進能源革命，加快能源技術創新
- 推進交通運輸低碳發展
- 主動控制碳排放，加強高能耗行業能耗管控
- 實施循環發展引領計劃

4 全面節約和高效利用資源
- 實行能源和水資源消耗、建設用地等總量和強度雙控行動
- 建立健全用能權、用水權、排污權、碳排放權初始分配制度
- 落實全面節約，推動形成勤儉節約的社會風尚

5 加大環境治理力度
- 推進多污染物綜合防治和環境治理
- 改革環境治理基礎制度

6 築牢生態安全屏障
- 開展國土綠化行動
- 加強水生態保護

《建議》提出，堅持綠色富國、綠色惠民，為人民提供更多優質生態產品，推動形成綠色發展方式和生活方式，協同推進人民富裕、國家富強、中國美麗。

　　綠色發展，就是要發展環境友好型產業，降低能耗和物耗，保護和修復生態環境，發展循環經濟和低碳技術，使經濟社會發展與自然

數說生態文明2020年主要目標

CO₂	單位國內生產總值 二氧化碳排放強度　　　　比2005年下降40%—45%
	用水總量力爭控制在6700億立方米以內 萬元工業增加值用水量降低到65立方公尺以下 農田灌溉水有效利用係數提高到0.55以上
	非化石能源佔一次能源消費 比重達到15%左右
	重要江河湖泊水功能區 水質達標率提高到80%以上
	森林覆蓋率達到23%以上
	草原綜合植被覆蓋度達到56%
	濕地面積不低於8億畝
	50%以上可治理沙化土地得到治理
	自然岸線保有率不低於35%

資料來源：《中共中央國務院關於加快生態文明建設的意見》

相協調。中國推進綠色發展，首先需要構建綠色、低碳、可循環的產業體系和產品體系，徹底改變以資源耗竭、環境污染支撐經濟增長的發展方式，變「黑色經濟」為綠色經濟；其次要構建支撐經濟社會發展的綠色能源體系，要積極發展可再生能源和清潔能源；最後要把綠色發展作為城市化題中的應有之義，推進綠色城市化。

 深度解析

　　近年來，很多地方霧霾頻發、青山不再、綠水難尋，生態環境問題矛盾突出，傳統的粗放型經濟增長模式已走到盡頭，中國處在經濟發展向綠色轉型的關鍵時期。而使用「綠色」一詞，就是指經濟發展要遵循自然規律，形成人與自然和諧發展的綠色生產方式，實現生態系統與經濟系統的綠色協調可持續發展模式。未來五年，要讓綠色發展的理念變成現實，讓綠色化嵌入中國特色社會主義市場經濟之中，從而讓中國經濟的綠色轉型為全球生態安全助力。

一、促進人與自然和諧共生

　　《建議》提出，有度有序利用自然，調整優化空間結構，劃定農業空間和生態空間保護紅線，構建科學合理的城市化格局、農業發展格局、生態安全格局、自然岸線格局。設立統一規範的國家生態文明試驗區。

　　人與自然和諧共生，就是要求人類在遵循自然規律、保證基本生存的前提下，科學改造自然、合理開發資源、維護生態平衡、防止環境污染，從而實現人與自然的良性互動、和諧統一。

（一）根據資源環境承載力調節城市規模，依托山水地貌優化城市形態和功能，實行綠色規劃、設計、施工標準。

近年來，中國城市普遍出現了高樓林立、人口密集、交通擁堵、環境污染的通病，居民幸福指數和痛苦指數同時上升，這主要是由不科學、不綠色、單純追求集聚效應的城市化理念及其佈局造成的。要通過調整城鎮化發展戰略，增加城鎮發展的綠色元素和生態功能，走綠色城鎮化的道路。

（二）支持綠色清潔生產，推進傳統製造業綠色改造，推動建立綠色低碳循環發展產業體系，鼓勵企業工藝技術裝備更新改造。發展綠色金融，設立綠色發展基金。

《中國製造2025》提出：全面推行綠色製造，加大先進節能環保技術、工藝和裝備的研發力度，加快製造業綠色改造升級；積極推行低碳化、循環化和集約化，提高製造業資源利用效率；強化產品全生命週期綠色管理，努力構建高效、清潔、低碳、循環的綠色製造體系。

 深度解析

從五個方面著手建立綠色金融體系：一是推動綠色金融立法，進一步完善環境保護的法律法規和實施細則，明確並加大環境污染者的法律責任，強化有關責任部門的執法權力，加大環境保護的執法力度。二是加強政府部門之間、政府與第三方機構的協調合作。三是完善綠色金融政策支持體系。四是加快綠色金融基礎設施建設。五是發揮政策性金融機構在綠色金融領域的引導作用。

綠色金融是現代金融業發展的一個重要趨勢，包含了銀行業金融機構以信貸等金融資源推動經濟和社會的可持續發展，同時優化銀行業金融機構的信貸結構、降低環境和社會風險、提高服務水平等多方面內容。發展綠色金融，需要完善相關的法律體系，加大配套政策的扶持力度；完善環保資訊共享機制，充分實現環保違規企業資訊發佈納入銀行徵信系統等方面的工作；完善相關激勵和懲罰機制，頂層設計綠色發展戰略，解決中央政府和地方政府之間、政府和市場機構之間的利益和行動分歧。

　　(三)加強資源環境國情和生態價值觀教育，培養公民環境意識，推動全社會形成綠色消費自覺。

　　綠色消費是以保護消費者健康和節約資源為主旨，符合人的健康和環境需求的各種消費行為的總稱。它不僅包括綠色產品的消費，還包括物資的回收利用、能源的有效使用、對生存環境和物種的保護等方面。綠色消費是針對奢侈消費、浪費消費等而言的。要通過消費觀念、消費方式、消費物品等途徑的改變，保障消費的可持續性。促進綠色消費不僅是為了改善當前的經濟數據，更主要是為了形成可持續的消費模式，讓消費者在消費過程中能形成良好的意識、習慣和行為方式，優化未來的消費環境。

　　國家要提高相關意識，轉變傳統的消費觀念。首先，關於保障食品安全，應繼續出台相關政策。如對無公害、綠色、有機食品進行認證，一旦發現認證單位弄虛作假，給予嚴厲的打擊。其次，進行宣傳和引導，轉變消費者消費觀念，讓他們意識到綠色消費帶來的巨大利益與前景，擴大消費內需。再次，加強有機食品、綠色產品產地和城市的對口聯繫，定點銷售，保證消費市場的相對穩定。總之，加強市場管理、建立誠信體制、豐富採購、定向聯繫等都是促進綠色消費的好措施。

二、加快建設主體功能區

《建議》指出，發揮主體功能區作為國土空間開發保護基礎制度的作用，落實主體功能區規劃，完善政策，發佈全中國主體功能區規劃圖和農產品主產區、重點生態功能區目錄，推動各地區依據主體功能定位發展。以主體功能區規劃為基礎統籌各類空間性規劃，推進「多規合一」。

主體功能區按開發方式劃分的四類區域

類別	含義	績效評價方式
優化開發區域	經濟較發達、人口較密集、開發強度較高、資源環境問題更突出，應優化進行工業化城鎮開發的城市化地區	強化對經濟結構、資源消耗、環境保護、科技創新，以及對外來人口、公共服務等指標的評價、環境保護等方面的指標
重點開發區域	有一定基礎、資源環境承載能力較強、發展潛力較大、集聚人口和經濟的條件較好，應重點進行工業化城鎮化開發的城市化地區	實行工業化、城鎮化發展水平優先的績效考核評價，綜合考核經濟增長、吸納人口、產業結構、資源消耗、環境保護等方面的指標
限制開發區域	農產品主產區	強化對農業綜合生產能力的考核，而不是對經濟增長收入的考核
	重點生態功能區	強化對生態功能的保護和對提供生態產品能力的考核
禁止開發區域	依法設立的各級各類自然文化資源保護區域，以及其他禁止進行工業化城鎮化開發、需要特殊保護的重點生態功能區	強化對自然文化資源的原真性和完整性保護的考核

資料來源：《全國主體功能區規劃》

《全國主體功能區規劃》對主體功能區的內涵和劃分做了闡述。按開發方式，分為優化開發、重點開發、限制開發和禁止開發四類；按開發內容，分為城市化地區、農業地區和生態地區三類；按層級，分為國家和省級兩個層面。這裡的「開發」不是一般意義的概念，而是特指在一定區域進行的大規模、高強度的工業化、城鎮化活動。限制開發是指限制在一定區域進行這種大規模、高強度的城鎮化、工業化活動，並不是限制所有的開發活動，也不是限制所有的發展。限制開發區裡明確的一類是重點生態功能區，這一類區域是全中國生態系統十分重要的組成部分，同時也是為全中國提供生態安全的保障。

　　(一)推動京津冀、長三角、珠三角等優化開發區域產業結構向高端高效發展，防治「城市病」，逐年減少建設用地增量。推動重點開

國家重點生態功能區示意圖

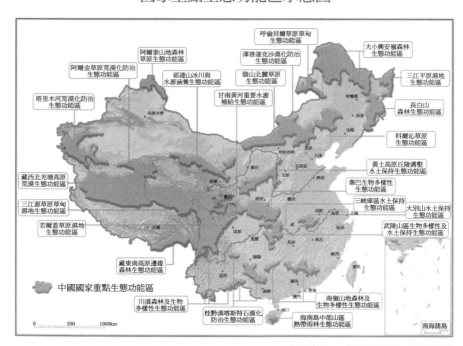

資料來源：《全國主體功能區規劃》

發區域提高產業和人口集聚度。重點生態功能區實行產業准入負面清單。加大對農產品主產區和重點生態功能區的轉移支付力度，強化激勵性補償，建立橫向和流域生態補償機制。整合設立一批國家公園。

（二）維護生物多樣性，實施瀕危野生動植物搶救性保護工程，建設救護繁育中心和基因庫。強化野生動植物進出口管理，嚴防外來有害物種入侵。嚴厲打擊象牙等野生動植物製品非法交易。

對人類來說，生物多樣性除了具有提供食物、工業原料、藥物以及科研、美學等直接和間接的使用價值外，還具有不可估量的潛在價值，尤其對保持生態系統的穩定性具有不可低估的作用。中國是生物多樣性最豐富的國家之一，近年來深入實施《中國生物多樣性保護戰略與行動計劃》和《聯合國生物多樣性十年中國行動方案》，生物多樣性保護取得積極進展。同時，中國部分生態系統退化嚴重，一些高等植物、脊椎動物受到不同程度威脅，生物多樣性保護能力不足問題突出。要把保護生物多樣性作為推動綠色發展的重要抓手，作為建設生態文明的重大任務，作為維護中華民族永續發展的長遠根基，切實增強責任感和緊迫感，扎扎實實做好保護工作。面對新形勢、新任務、新要求，要創新思路、突出重點，在搶救性保護的基礎上，全面

 深度解析

　　加強生物多樣性保護，要實現三個轉變。保護方式從政府為主，向政府主導、全社會參與的多元化開放式保護轉變；保護手段從依靠行政辦法保護為主，向綜合運用法律、經濟、技術和必要的行政手段轉變；保護機制從各部門條塊分割，向政府統籌協調、部門與州市聯動保護轉變。

實施系統性保護工程,提高保護工作的精細化、系統化、科學化水平。要加快推進自然保護區立法,抓緊制定生物遺傳資源管理條例,建立健全生物多樣性保護法律法規體系。

(三)以市縣級行政區為單元,建立由空間規劃、用途管制、領導幹部自然資源資產離任審計、差異化績效考核等構成的空間治理體系。

十八屆三中全會通過的《中共中央關於全面深化改革若干重大問題的決定》提出,要健全自然資源資產產權制度和用途管制制度,並探索編製自然資源資產負債表,對管治團隊實行自然資源資產離任審計。這既是服務生態文明制度建設的重要方式,也是推動國家治理現代化的積極探索。

自然資源資產離任審計屬於離任審計的方式之一,其審計內容更為具體。實際工作中應主要圍繞自然資源資產開發、管理、使用、營運、維護等環節,關注自然資源資產方面的公共權力運作、公共資金收支、法定職責履行、體制制度建設等內容,重點審查產權制度、主體功能區制度、污染物排放總量控制制度、資源有償使用制度和生態補償制度等相關制度的建設和執行情況。從組織實施上看,可以單獨開展自然資源資產離任審計,或者結合離任經濟責任審計,將自然資源資產作為重點關注內容。

三、推動低碳循環發展

《建議》指出,推進能源革命,加快能源技術創新,建設清潔低碳、安全高效的現代能源體系。提高非化石能源比重,推動煤炭等化石能源清潔高效利用。加快發展風能、太陽能、生物質能、水能、地熱能,安全高效發展核電。加強儲能和智能電網建設,發展分佈式能

推進能源革命

提高非化石能源比重

推動煤炭等化石能源清潔高效利用

加快發展風能、太陽能、生物質能、水能、地熱能,安全高效發展核電

加強儲能和智能電網建設,發展分佈式能源,推行節能低碳電力調度

有序開放開採權,積極開發天然氣、煤層氣、頁岩氣

改革能源體制,形成有效競爭的市場機制

源,推行節能低碳電力調度。有序開放開採權,積極開發天然氣、煤層氣、頁岩氣。改革能源體制,形成有效競爭的市場機制。

(一)推進交通運輸低碳發展,實行公共交通優先,加強軌道交通建設,鼓勵自行車等綠色出行。實施新能源汽車推廣計劃,提高電動車產業化水平。提高建築節能標準,推廣綠色建築和建材。

以節約資源、提高能效、控制排放、保護環境為目標,以加快推進綠色循環低碳交通基礎設施建設、節能環保運輸裝備應用、集約高效運輸組織體系建設、科技創新與資訊化建設、行業監管能力提升為主要任務,以試點示範和專項行動為主要推進方式,將生態文明建設融入交通運輸發展的各方面和全過程,加快建成資源節約型、環境友好型交通運輸行業,實現交通運輸綠色發展、循環發展、低碳發展。

2015 年 1 至 9 月中國國家發展和改革委員會批覆的軌道交通建設規劃情況

地區	到 2020 年左右總長度（公里）	規劃期內建設線路長度（公里）	規劃總投資（億元）
北京	998.5	262.9	2122.8
天津	513	228.1	1794.33
深圳	434.9	85.1	730.6
呼和浩特	51.4	51.4	338.81
濟南	80.6	80.6	437.2
成都	383	266.7	1522.2
南寧	128.2	75.1	529.37
長春	119.1	28.7	148.6
南昌	134.9	82.3	610.9
南京	540	157.2	1202.2
武漢	400	173.5	1148.9
合計	3783.6	1491.6	10585.91

資料來源：中國國家發展和改革委員會網站

　　貫徹落實發展新能源汽車的國家戰略，以純電驅動為新能源汽車發展的主要戰略取向，重點發展純電動汽車、插電式（含增程式）混合動力汽車和燃料電池汽車，以市場主導和政府扶持相結合，建立長期穩定的新能源汽車發展政策體系，創造良好發展環境，加快培育市場，促進新能源汽車產業健康快速發展。實施綠色建築行動計劃。加強建築用能規劃，實施建築能效提升工程，盡快推行百分之七十五的居住建築節能設計標準，加快綠色建築建設和既有建築改造，推行公共建築能耗限額和綠色建築評級與標識制度，大力推廣節能電器和綠

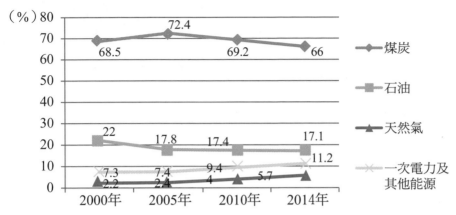

中國能源消費結構（2000—2014年）

資料來源：中國國家統計局

色照明，積極推進新能源城市建設。

（二）主動控制碳排放，加強高能耗行業能耗管控，有效控制電力、鋼鐵、建材、化工等重點行業碳排放，支持優化開發區域率先實現碳排放峰值目標，實施近零碳排放區示範工程。

「近零碳排放」除了對傳統工業企業加大節能減排的力度之外，更要注重對新能源等綠色產業的培育。傳統工業、傳統煤化工和新型煤化工生產過程都會排放大量二氧化碳。目前太陽能、風能、核電等新能源的利用越來越廣泛，但新能源實現產業化並最終替代石油、煤炭還需要一定的時間。綠色產業的範疇並不局限在新能源。例如，如果生產中能直接將二氧化碳封存在產品中，在生產過程中不排放二氧化碳，那煤炭工業未必就一定是高碳排放。

（三）實施循環發展引領計劃，推行企業循環式生產、產業循環式組合、園區循環式改造，減少單位產出物質消耗。加強生活垃圾分類回收和再生資源回收的銜接，推進生產系統和生活系統循環鏈接。

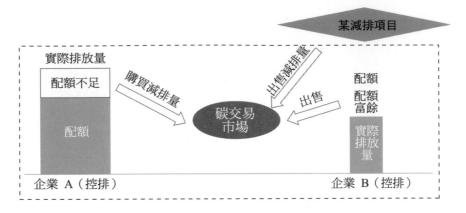

碳排放交易示意圖

按照減量化、再利用、資源化的原則,加快建立循環型工業、農業、服務業體系,提高全社會資源產出率。完善再生資源回收體系,實行垃圾分類回收,開發利用「城市礦產」,推進秸稈等農林廢棄物,以及建築垃圾、餐廚廢棄物資源化利用,發展再製造和再生利用產品,鼓勵紡織品、汽車輪胎等廢舊物品回收利用。推進煤矸石、礦渣等大宗固體廢棄物綜合利用。組織開展循環經濟示範行動,大力推廣循環經濟典型模式。推進生產和生活系統的循環鏈接,構建覆蓋全社會的資源循環利用體系。

 專家評論

　　人民日報評論員:保護與發展並不矛盾。隨著對發展規律認識的不斷深化,越來越多的人意識到,綠水青山就是金山銀山,保護生態環境就是保護生產力,改善生態環境就是發展生產力。綠色循環低碳發展,是當今時代科技革命和產業變革的方向,是最有前途的發展領域,中國在這方面的潛力相當大,可以形成很多新的經濟增長點,為經濟轉型升級添加強勁的「綠色動力」。

四、全面節約和高效利用資源

《建議》指出，堅持節約優先，樹立節約集約循環利用的資源觀。節約優先，就是在資源上把節約放在首位，著力推進資源節約集約利用，提高資源利用率和生產率，降低單位產出資源消耗，杜絕資源浪費。

（一）強化約束性指標管理，實行能源和水資源消耗、建設用地等總量和強度雙控行動。實施全民節能行動計劃，提高節能、節水、節地、節材、節礦標準，開展能效、水效領跑者引領行動。

節約集約利用水、土地、礦產等資源，加強全過程管理，大幅降低資源消耗強度。實施全民節能行動計劃，加強宣傳教育，普及節能知識，推廣節能新技術、新產品，大力提倡綠色生活方式，引導居民科學合理用能，使節約用能成為全社會的自覺行動。

中國控制能源消耗政策發展過程

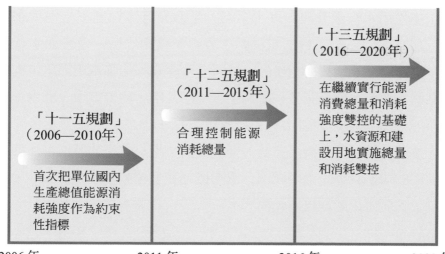

「十三五規劃」
（2016—2020年）
在繼續實行能源消費總量和消耗強度雙控的基礎上，水資源和建設用地實施總量和消耗雙控

「十二五規劃」
（2011—2015年）
合理控制能源消耗總量

「十一五規劃」
（2006—2010年）
首次把單位國內生產總值能源消耗強度作為約束性指標

2006年　　　　2011年　　　　2016年　　　　2020年

（二）實行最嚴格的水資源管理制度，以水定產、以水定城，建設節水型社會。合理制定水價，編製節水規劃，實施雨洪資源利用、再生水利用、海水淡化工程，建設國家地下水監測系統，開展地下水超採區綜合治理。堅持最嚴格的節約用地制度，調整建設用地結構，降低工業用地比例，推進城鎮低效用地再開發和工礦廢棄地復墾，嚴格控制農村集體建設用地規模。探索實行耕地輪作休耕制度試點。

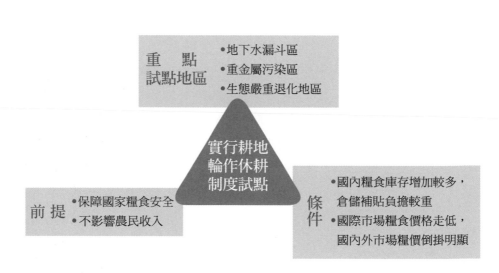

加強用水需求管理，以水定需、量水而行，抑制不合理用水需求，促進人口、經濟等的增長與水資源用量相均衡，建設節水型社會。推廣高效節水技術和產品，發展節水農業，加強城市節水，推進企業節水改造。積極開發利用再生水、礦井水、空中雲水、海水等非常規水源，嚴控無序調水和人造水景工程，提高水資源安全保障水平。按照嚴控增量、盤活存量、優化結構、提高效率的原則，加強土地利用的規劃管控、市場調節、標準控制和考核監管，嚴格土地用途管制，推廣應用節地技術和模式。

	2015 年	2020 年	2030 年
用水總量（億立方公尺）	6350	6700	7000
萬元工業增加值用水量（立方公尺）	81	65	40
農田灌溉水有效利用係數	0.53	0.55	0.60
水功能區水質達標率（％）	60	80	95

資料來源：中國國務院《關於實行最嚴格水資源管理制度的意見》

（三）建立健全用能權、用水權、排污權、碳排放權初始分配制度，創新有償使用、預算管理、投融資機制，培育和發展交易市場。推行合約能源管理和合約節水管理。

過去我們對公共資源能源管理缺乏有效手段，存在過度消耗等問題，新制度以市場手段解決資源環境等公益性領域的問題，是一項深刻變革。確權之後就會有交易，這對於資源節約將有直接貢獻，也是對環境品質提升的重要促進。

合約能源管理是發達國家普遍推行的、運用市場手段促進節能的服務機制。節能服務公司與用戶簽訂能源管理合約，為用戶提供節能診斷、融資、改造等服務，並以節能效益分享方式回收投資和獲得合理利潤，可以大大降低用能單位節能改造的資金和技術風險，充分調動用能單位節能改造的積極性，是行之有效的節能措施。堅持發揮市場機制作用，充分發揮市場配置資源的基礎性作用，以分享節能效益為基礎，建立市場化的節能服務機制，促進節能服務公司加強科技創新和服務創新，提高服務能力，改善服務品質；加強政策支持引導，通過制定完善的激勵政策，加強行業監

深度解析

中國六百六十九個城市缺水七十億立方公尺以上，若不超採地下水，城市水資源缺口將達一百億立方公尺以上，供需矛盾日益突出，城市地下水水位迅速下降、地面沉陷、水源污染等現象紛紛出現，已成為制約城市發展的最大瓶頸。與之形成反差的是，「目前中國城市輸水管網漏失在百分之十五左右，如果加大投入修整使漏失率降低到百分之五的水平，即可節水五十二億立方公尺」。原水利部水資源司司長、北京航空航天大學中國循環經濟研究中心主任吳季松披露，這一數字保守估算相當於兩千多個昆明湖水量，接近南水北調中線工程年規劃調水量一百多億立方公尺的一半。

管，強化行業自律，營造有利於節能服務產業發展的政策環境和市場環境，引導節能服務產業健康發展。

(四)倡導合理消費，力戒奢侈浪費，制止奢靡之風。在生產、流通、倉儲、消費各環節落實全面節約。管住公款消費，深入開展反過度包裝、反食品浪費、反過度消費行動，推動形成勤儉節約的社會風尚。

倡導勤儉節約的消費觀。廣泛開展綠色生活行動，推動全民在衣、食、住、行、遊等方面加快向勤儉節約、綠色低碳、文明健康的方式轉變，堅決抵制和反對各種形式的奢侈浪費、不合理消費。大力推廣綠色低碳出行，倡導綠色生活和休閒模式，嚴格限制發展高耗能、高耗水服務業。在餐飲企業、單位食堂、家庭全方位開展反食品浪費行動。黨政機關、國有企業要帶頭厲行勤儉節約。

五、加大環境治理力度

《建議》提出，以提高環境品質為核心，實行最嚴格的環境保護制度，形成政府、企業、公眾共治的環境治理體系。

最嚴格環境保護制度的首要特徵是其先進性、時效性和威懾力。其先進性表現在，從歷史的角度縱向比較，它應當是中國歷史上最嚴格的環境保護制度；從地區或國家的角度橫向比較，它應當與發達國家處於中國當前類似發展階段時所實施的環境保護制度同樣嚴格。其時效性表現在，最嚴格的環境保護制度應是動態的，應與當前的經濟社會發展階段相適應。一方面，最嚴格的環境保護制度不應是「一刀切」的制度，要充分考慮不同區域、流域經濟社會發展階段和環境管理支撐能力的差異性；另一方面，最嚴格的環境保護制度不應是一成不變的制度，應當根據經濟社會發展、環境品質變化、環境管理需求不斷調整，充分體現出時效性。其威懾力表現在，最嚴格的環境保護制度著重加強法律法規、環境標準的頂層設計，能夠對污染者產生足夠的威懾力。

在經濟新常態下，環境品質提升牽一髮動全身。提升環境品質，並不意味著僅依靠最嚴格的環境保護制度，還要深入實施大氣、水、土壤污染防治行動計劃。城市佈局是否科學，農業發展是否合理，經

 Q&A

問：如何建立更好的環境保護制度體系？

答：一是要加快最嚴格的環境保護制度的系統研究與頂層設計。二是要加快環境保護相關法律法規的修訂與制定。三是要加強基層環境管理能力建設。

濟結構調整是否到位，產業能源戰略轉型是否能夠適應，這些都與環境品質有著緊密關係。

（一）推進多污染物綜合防治和環境治理，實行聯防聯控和流域共治，深入實施大氣、水、土壤污染防治行動計劃。實施工業污染源全面達標排放計劃，實現城鎮生活污水垃圾處理設施全覆蓋和穩定運作。擴大污染物總量控制範圍，將懸浮微粒等環境品質指標列入約束性指標。堅持城鄉環境治理並重，加大農業面源污染防治力度，統籌農村飲水安全、改水改廁、垃圾處理，推進種養業廢棄物資源化利用、無害化處置。

中國積極應對氣候變化

2030年左右
二氧化碳排放達到峰值且將努力早日達峰
非化石能源佔一次能源消費比重提高到20%左右

到2020年
碳強度在2005年基礎上，要下降40% —45%
非化石能源佔一次能源消費比重達15%左右
森林蓄積量增加13億立方公尺

2014年、2015年
單位國內生產總值二氧化碳排放（即碳強度）
應分別下降4%和3.5%以上

資料來源：《中美氣候變化聯合聲明》《國家應對氣候變化規劃（2014-2020年）》《2014-2015年節能減排低碳發展行動方案》

按照以人為本、防治結合、標本兼治、綜合施策的原則，建立以保障人體健康為核心、以改善環境品質為目標、以防控環境風險為基線的環境管理體系，健全跨區域污染防治協調機制，加快解決民眾反映強烈的大氣、水、土壤污染等突出環境問題。繼續落實大氣污染防治行動計劃，逐漸消除重污染天氣，切實改善大氣環境品質。加強農業面源污染防治，加大種養業特別是規模化畜禽養殖污染防治力度，科學施用化肥、農藥，推廣節能環保型爐灶，淨化農產品產地和農村

2014年中國土壤污染及水土流失情況

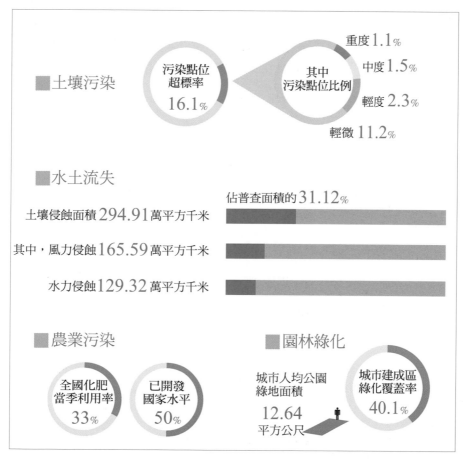

資料來源：《2014中國環境狀況公報》

居民生活環境。加大城鄉環境綜合整治力度。推進重金屬污染治理。開展礦山地質環境恢復和綜合治理，推進尾礦安全、環保存放，妥善處理處置礦渣等大宗固體廢物。建立健全化學品、持久性有機污染物、危險廢物等環境風險防範與應急管理工作機制。切實加強核設施運作監管，確保核安全萬無一失。

(二)改革環境治理基礎制度，建立覆蓋所有固定污染源的企業排放許可制，實行省以下環保機構監測監察執法垂直管理制度。建立全國統一的實時在線環境監控系統。健全環境資訊公佈制度。探索建立跨地區環保機構。開展環保督察巡視，嚴格環保執法。

建立嚴格監管所有污染物排放的環境保護管理制度。完善污染物排放許可證制度，禁止無證排污和超標準、超總量排污。違法排放污染物、造成或可能造成嚴重污染的，要依法扣押、查封排放污染物的設施設備。對嚴重污染環境的工藝、設備和產品實行淘汰制度。實

大氣污染防治10項指標

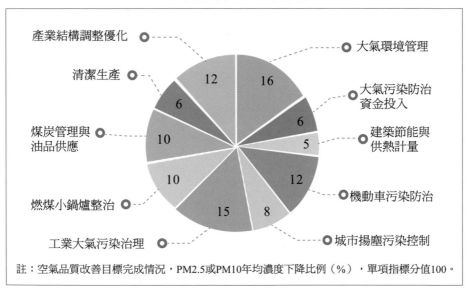

註：空氣品質改善目標完成情況，PM2.5或PM10年均濃度下降比例（％），單項指標分值100。

資料來源：《大氣污染防治行動計劃實施情況考核方法（試行）》

行企事業單位污染物排放總量控制制度，適時調整主要污染物指標種類，納入約束性指標。健全環境影響評價、清潔生產審核、環境資訊公開等制度。建立生態保護修復和污染防治區域聯動機制。

六、築牢生態安全屏障

《建議》指出，堅持保護優先、自然恢復為主，實施山水林田湖生態保護和修復工程，構建生態廊道和生物多樣性保護網絡，全面提升森林、河湖、濕地、草原、海洋等自然生態系統穩定性和生態服務功能。

自然恢復為主，就是在生態上由人工建設為主轉向自然恢復為主，加大生態保護和修復力度，保護和建設的重點由事後治理向事前保護轉變、由人工建設為主向自然恢復為主轉變，從源頭上扭轉生態惡化趨勢。

(一)開展大規模國土綠化行動，加強林業重點工程建設，完善天然林保護制度，全面停止天然林商業性採伐，增加森林面積和蓄積量。發揮國有林區林場在綠化國土中的帶動作用。擴大退耕還林還草，加強草原保護。嚴禁移植天然大樹進城。創新產權模式，引導各方面資金投入植樹造林。

大規模國土綠化行動是進一步開展綠化工作，加強森林保護，將天然林資源保護範圍擴大到全國；大力開展植樹造林和森林經營，穩定和擴大退耕還林範圍，加快重點防護林體系建設；完善國有林場和國有林區經營管理體制，深化集體林權制度改革。嚴格落實禁牧休牧和草畜平衡制度，加快推進基本草原劃定和保護工作；加大退牧還草力度，繼續實行草原生態保護補助獎勵政策；穩定和完善草原承包經營制度。

第七、八次全國森林資源清查結果

	第七次清查	第八次清查	增長幅度
森林面積	1.95 億公頃	2.08 億公頃	1223 萬公頃
森林蓄積量	137.21 億立方公尺	151.37 億立方公尺	14.16 億立方公尺
森林覆蓋率	20.36%	21.63%	1.27%

資料來源：中國林業網

(二)加強水生態保護，系統整治江河流域，連通江河湖庫水系，開展退耕還濕、退養還灘。推進荒漠化、石漠化、水土流失綜合治理。強化江河源頭和水源涵養區生態保護。開展藍色海灣整治行動。加強地質災害防治。

啟動濕地生態效益補償和退耕還濕工程。加強水生生物保護，開展重要水域增殖放流活動。加強水土保持，因地制宜推進小流域綜合治理。實施地下水保護和超採漏斗區綜合治理，逐步實現地下水採補平衡。

繼續推進京津風沙源治理、黃土高原地區綜合治理、石漠化綜合治理，開展沙化土地封禁保護試點。

以立法保障和嚴格執法為主要手段，確保水源涵養區與江河源頭等重要水源地零污染。同時，要統籌規劃農村面源污染防治與農業現代化、新農村建設。此外，應加強嚴重污染水體治理，保持一般性水體不退化。

要以保護民眾生命財產安全為根本，以建立健全地質災害調查評價體系、監測預警體系、防治體系、應急體系為核心，強化全社會地質災害防範意識和能力，科學規劃，突出重點，整體推進，全面提高中國地質災害防治水平。

第六講

堅持開放發展，
著力實現合作共贏

（一）完善對外開放戰略佈局

（二）形成對外開放新體制

（三）推進「一帶一路」建設

（四）深化內地和港澳、大陸和台灣地區合作發展

（五）積極參與全球經濟治理

（六）積極承擔國際責任和義務

《建議》第六部分內容要點

1 **完善對外開放戰略佈局**
- 完善對外開放區域佈局，提高經濟合作區水平
- 加快對外貿易優化升級
- 完善投資佈局，擴大開放領域，放寬准入限制

2 **形成對外開放新體制**
- 全面實行准入前國民待遇加負面清單管理制度
- 有序擴大服務業對外開放
- 擴大金融業雙向開放
- 推動與更多國家簽署高標準雙邊投資協定、司法協助協定，爭取和更多國家互免或簡化簽證手續

3 **推進「一帶一路」建設**
- 推進基礎設施互聯互通和國際大通道建設，加強各領域合作
- 加強與國際金融機構合作

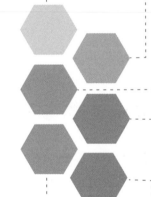

4 **深化內地和港澳、大陸和台灣地區合作發展**
- 支持香港鞏固國際金融、航運、貿易三大中心地位，支持澳門建設世界旅遊休閒中心、中國與葡語國家商貿合作服務平台
- 加大內地對港澳開放力度
- 深化兩岸經濟合作和農業、文化、教育等領域交流合作

5 **積極參與全球經濟治理**
- 推動多邊貿易談判進程
- 加快實施自由貿易區戰略

6 **積極承擔國際責任和義務**
- 積極參與應對全球氣候變化談判，落實減排承諾
- 擴大對外援助規模，完善對外援助方式
- 維護國際公共安全和全球網路安全，推動國際反腐敗合作

《建議》指出，開創對外開放新局面，必須豐富對外開放內涵，提高對外開放水平，協同推進戰略互信、經貿合作、人文交流，努力形成深度融合的互利合作格局。

一、完善對外開放戰略佈局

當前，中國經濟與世界經濟的關係已經發生了深刻的變化，呈現出深度融入世界經濟的新趨勢。發展更高水平的開放型經濟，實際上就是順應這種趨勢，於是提出了對外開放的更高要求。

(一)完善對外開放區域佈局，加強內陸沿邊地區口岸和基礎設施建設，開闢跨境多式聯運交通走廊，發展外向型產業集群，形成各有側重的對外開放基地。支持沿海地區全面參與全球經濟合作和競爭，培育有全球影響力的先進製造基地和經濟區。提高邊境經濟合作區、跨境經濟合作區發展水平。

中國要實行更加積極主動的開放戰略，完善互利共贏、多元平衡、安全高效的開放型經濟體系，促進沿海、內陸、沿邊開放優勢互補，形成引領國際經濟合作和競爭的開放區域，培育帶動區域發展的開放高地。抓住全球產業重新佈局機遇，推動內陸貿易、投資、技術創新協調發展。創新加工貿易模式，形成有利於推動內陸產業集群發展的體制機制。支持內陸城市增開國際客貨運航線，發展多式聯運，形成橫貫東、中、西、聯結南北方對外經濟走廊。推動內陸與沿海沿邊通關協作，實現口岸管理相關部門資訊互換、監管互認、執法互助。加快沿邊開放步伐，允許沿邊重點口岸、邊境城市、經濟合作區在人員往來、加工物流、旅遊等方面實行特殊方式和政策。建立開發性金融機構，加快與周邊國家和區域基礎設施互聯互通建設，推進絲綢之路經濟帶、海上絲綢之路建設，形成全方位開放新格局。

邊境經濟合作區是中國沿邊開放城市發展邊境貿易和加工出口的區域。沿邊開放是中國中西部地區對外開放的重要一翼，自一九九二年以來，經國務院批准的邊境經濟合作區共十六個，對發展中國與周邊國家（地區）的經濟貿易和睦鄰友好關係、繁榮少數民族地區經濟發揮了積極作用。現有邊境經濟合作區名單：內蒙古兩個，為滿洲里邊境經濟合作區、二連浩特邊境經濟合作區；遼寧一個，為丹東邊境經濟合作區；吉林一個，為中國圖們江區域（琿春）國際合作示範區；黑龍江兩個，為黑河邊境經濟合作區、綏芬河邊境經濟合作區；廣西兩個，為憑祥邊境經濟合作區、東興邊境經濟合作區；雲南四個，為畹町邊境經濟合作區、河口邊境經濟合作區、瑞麗邊境經濟合作區、臨滄邊境經濟合作區；新疆四個，為伊寧邊境經濟合作區、博樂邊境經濟合作區、塔城邊境經濟合作區、吉木乃邊境經濟合作區。

　　（二）加快對外貿易優化升級，從外貿大國邁向貿易強國。完善對外貿易佈局，創新外貿發展模式，加強營銷和售後服務網路建設，提高傳統優勢產品競爭力，鞏固出口市場份額，推動外貿向優質優價、優進優出轉變，壯大裝備製造等新的出口主導產業。發展服務貿易。實行積極的進口政策，向全球擴大市場開放。

　　經過三十多年的改革開放，中國已經成為全球第一大貿易國、第一大出口國、第二大進口國、第二大吸收外資國、第三大對外投資國、第一大外匯儲備國，中國對外開放的基礎和條件發生了根本性變化，需要新的開放佈局。當今世界，國際金融危機的負面影響依然存在、全球經濟復甦依然緩慢，中國必須全面提升開放層次和水平。

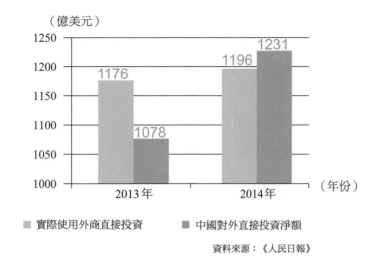

中國實際使用外商直接投資與對外直接投資金額
2013年與2014年對比

（億美元）

實際使用外商直接投資　　■ 中國對外直接投資淨額

資料來源：《人民日報》

（三）完善投資佈局，擴大開放領域，放寬准入限制，積極有效引進境外資金和先進技術。支持企業擴大對外投資，推動裝備、技術、標準、服務走出去，深度融入全球產業鏈、價值鏈、物流鏈，建設一批大宗商品境外生產基地，培育一批跨國企業。積極搭建國際產能和裝備製造合作金融服務平台。

二〇一五年四月，中國開始施行《外商投資產業指導目錄（2015年修訂）》（以下簡稱《目錄》）。修訂後的《目錄》進一步放開一般製造業，透過節能、環保、技術、安全等措施實現內外資一致監管的條目不再列入限制類。放寬外資准入，有序推進服務業開放。在商貿物流、電子商務、交通運輸、社會服務、金融、文化等領域提出了一系列的開放措施。積極引導外資投向，鼓勵外商投資現代農業、高新技術、先進製造、節能環保、新能源、現代服務業等領域，鼓勵外商投資研發環節。《目錄》修訂後，外資在中國可以涉及的行業將更多，限制更少，意味著中國對外開放的領域更加寬廣。

二、形成對外開放新體制

《建議》提出，完善法治化、國際化、便利化的營商環境，健全有利於合作共贏並與國際貿易投資規則相適應的體制機制。建立便利跨境電子商務等新型貿易方式的體制，健全服務貿易促進體系，全面實施單一窗口和通關一體化。提高自由貿易試驗區建設品質，在更大範圍推廣複製。

(一)全面實行准入前國民待遇加負面清單管理制度，促進內外資企業一視同仁、公平競爭。完善境外投資管理，健全對外投資促進政策和服務體系。有序擴大服務業對外開放，擴大銀行、保險、證券、養老等市場准入。

中國利用外資的法律主要是「外資三法」，即《中華人民共和國中外合資經營企業法》《中華人民共和國外資企業法》和《中華人民共和國中外合作經營企業法》。「外資三法」修改的基本方向是「三法合一」，制定統一的外國投資法。根據二〇一五年一月商務部公佈的《中華人民共和國外國投資法（草案徵求意見稿）》，將不再將外商投資企業的組織形式和經營活動作為主要規範對象，同時將實行准入前國民待遇加負面清單的管理模式。在放寬外資准入、促進市場在資源配置中起決定性作用的同時，將進一步完善外資准入管理制度、國家安全審查制度、外資促進和保護制度，並強化事中事後監管。

(二)擴大金融業雙向開放。有序實現人民幣資本項目可兌換，推動人民幣加入特別提款權，成為可兌換、可自由使用貨幣。轉變外匯管理和使用方式，從正面清單轉變為負面清單。放寬境外投資匯兌限制，放寬企業和個人外匯管理要求，放寬跨國公司資金境外運作限

制。加強國際收支監測，保持國際收支基本平衡。推進資本市場雙向開放，改進並逐步取消境內外投資額度限制。

　　資本項目可兌換是一個逐漸放鬆資本管制，允許居民與非居民持有跨境資產及從事跨境資產交易，實現貨幣自由兌換的過程。一方面，以原油期貨上市為突破口，積極引入境外交易者和經紀機構參與境內期貨市場，建設國際化交易結算平台，擴大中國商品期貨國際影響力。另一方面，推出境外期貨經紀業務，滿足境內企業境外風險管理需求。

　　近期，人民幣跨境支付系統一期正式上線運作，中英聯合表態研究「滬倫通」可行性，中國外匯交易中心與德意志交易所集團於近日簽署合作協議，意味著隨著中國金融領域開放的大踏步前進，人民幣國際化程度正在呈現跨越式發展。

中國外匯儲備與對外淨資產變化情況（2004—2014年）

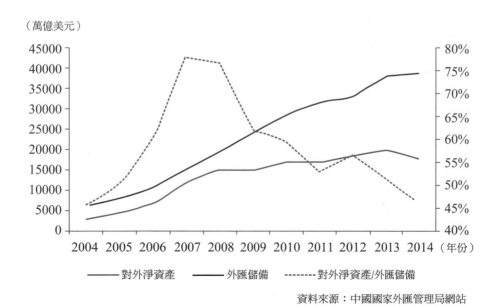

資料來源：中國國家外匯管理局網站

國家外匯管理局曾提出外匯管理要實現「五個轉變」：一是從重審批轉變為重監測分析，二是從重事前監管轉變為強調事後管理，三是從重行為管理轉變為更加強調主體管理，四是從「有罪假設」轉變到「無罪假設」，五是從「正面清單」轉變到「負面清單」。

　　(三)推動與更多國家簽署高標準雙邊投資協定、司法協助協定，爭取與更多國家互免或簡化簽證手續。構建海外利益保護體系。完善反洗錢、反恐怖融資、反逃稅監管措施，完善風險防範體制機制。

　　目前，中國與世界上大多數國家簽署了雙邊投資協定。備受世界矚目的中美雙邊投資協定（BIT）已經經歷了七年「馬拉松式談判」。經過二十輪談判，雙方已經完成文本談判，並且進行了兩輪負面清單交換，但關於負面清單的分歧仍然存在。

　　近年來，中國外交部積極有序地推動中外人員交往的便利化，努力提高中國護照「含金量」，取得了積極進展。一是與近九十個國家

Q&A

　　問：雙邊投資協定的分類有哪些？

　　答：雙邊投資協定可分為傳統型與現代型兩大類，傳統型的雙邊投資協定內容主要在友好通商航海條約中體現；現代型的雙邊投資協定指，是由兩國之間訂立的專門用於國際投資保護的雙邊條約，又分為美國式的雙邊投資保證協定及德國式的促進與保護投資協定。

締結了各類互免簽證協定，與三十九個國家簽訂五十三個簡化簽證手續協定。二是經過積極爭取，三十七個國家和地區單方面給予中國公民落地簽證待遇，八個國家和地區單方面允許中國公民免簽入境。三是努力擴大中國公民APEC商務旅行卡持卡量，目前居區域內各經濟體第一位。

三、推進「一帶一路」建設

《建議》提出，秉持親誠惠容，堅持共商共建共享原則，完善雙邊和多邊合作機制，以企業為主體，實行市場化運作，推進與有關國家和地區多領域互利共贏的務實合作，打造陸海內外聯動、東西雙向開放的全面開放新格局。

加快「一帶一路」建設，有利於促進沿線各國經濟繁榮與區域經濟合作，加強不同文明交流互鑒，促進世界和平發展，是一項造福世界各國人民的偉大事業。

(一)推進基礎設施互聯互通和國際大通道建設，共同建設國際經濟合作走廊。加強能源資源合作，提高就地加工轉化率。共建境外產業集聚區，推動建立當地產業體系，廣泛開展教育、科技、文化、旅遊、衛生、環保等領域合作，造福當地民眾。

根據「一帶一路」走向，陸上依托國際大通道，以沿線中心城市為支撐，以重點經貿產業園區為合作平台，共同打造新亞歐大陸橋，中、蒙、俄，中國—中亞—西亞，中國—中南半島等國際經濟合作走廊；海上以重點港口為節點，共同建設通暢安全高效的運輸大通道。中巴、孟中印緬兩個經濟走廊與推進「一帶一路」建設關聯緊密，要進一步推動合作，取得更大進展。

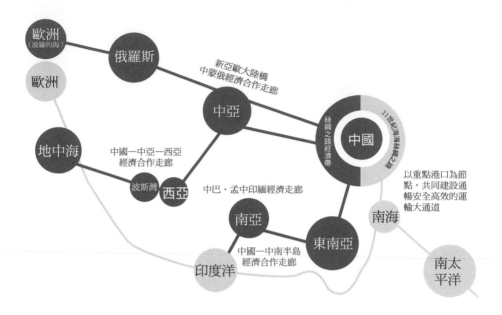

「一帶一路」合作方向示意圖

　　(二)加強與國際金融機構合作，參與亞洲基礎設施投資銀行、金磚國家新開發銀行建設，發揮絲路基金作用，吸引國際資金共建開放多元共贏的金融合作平台。

　　資金融通是「一帶一路」建設的重要支撐。深化金融合作，推進亞洲貨幣穩定體系、投融資體系和信用體系建設。擴大沿線國家雙邊本幣互換、結算的範圍和規模。共同推進亞洲基礎設施投資銀行、金磚國家開發銀行籌建，有關各方就建立上海合作組織融資機構開展磋商。加快絲路基金組建營運。深化中國─東盟銀行聯合體、上合組織銀行聯合體務實合作，以銀團貸款、銀行授信等方式開展多邊金融合作。加強金融監管合作，推動簽署雙邊監管合作諒解備忘錄，逐步在區域內建立高效監管協調機制。加強徵信管理部門、徵信機構和評級機構之間的跨境交流與合作。

亞投行籌建年表

2014 年 10 月 24 日

21個首批意向創始成員國的財長和授權代表在北京簽約

2015 年 3 月 12 日

美國向中方提交作為意向創始成員國加入亞投行的確認函

2015 年 3 月 17 日

法國、德國和意大利宣佈願意成為亞投行意向創始成員國

2015 年 3 月 18 日

盧森堡向中方提出加入亞投行的申請

2015 年 3 月 20 日

瑞士正式宣佈申請作為意向創始成員國加入亞投行

2015 年 3 月 31 日前

有意作為創始成員國加入亞投行的國家提出申請，此日期後，可作為普通成員加入亞投行

2015 年年中

完成亞投行章程談判並簽署

2015 年年底

完成章程生效程序，正式成立亞投行

來自五大洲的57個國家成為亞投行意向創始成員國，其中亞洲域內國家37個、域外國家20個

四、深化內地和港澳、大陸和台灣地區合作發展

《建議》提出，全面準確貫徹「一國兩制」、「港人治港」、「澳人治澳」、高度自治的方針，發揮港澳獨特優勢，提升港澳在國家經濟發展和對外開放中的地位和功能，支持港澳發展經濟、改善民生、推進民主、促進和諧。

（一）支持香港鞏固國際金融、航運、貿易三大中心地位，參與國家雙向開放、「一帶一路」建設。支持香港強化全球離岸人民幣業務樞紐地位，推動融資、商貿、物流、專業服務等向高端高增值方向發展。支持澳門建設世界旅遊休閒中心、中國與葡語國家商貿合作服務平台，促進澳門經濟適度多元可持續發展。

中央政府惠港政策起步早、範圍廣，而且隨著兩地發展而不斷豐富完善。這是兩地作為「命運共同體」的歷史規律使然，也是香港背靠內地持續發展獨特優勢的體現。

（二）加大內地對港澳開放力度，加快前海、南沙、橫琴等粵、港、澳合作平台建設。加深內地與港澳在社會、民生、科技、文化、教育、環保等領域交流合作。深化泛珠三角等區域合作。

中央政府的惠港政策是一個豐富的體系，其以CEPA及其補充協議為核心，涵蓋貿易、金融、旅遊、文化、國際交流、區域合作、供港物資七大政策範疇。

 深度解析

　　CEPA是內地和香港在世界貿易組織（WTO）框架內簽訂的自由貿易協議。它既是香港第一份自貿協議，也代表著內地對外開放的最高水平。自二○○三年簽訂以來，已簽訂十份補充協議，內地對香港的市場開放力度、廣度、深度不斷增加。CEPA的三大任務——實現貨物貿易零關稅、擴大服務貿易市場准入、實行貿易投資便利化，十餘年來已取得不俗的成績。

　　（三）堅持「九二共識」和一個中國原則，秉持「兩岸一家親」，以互利共贏方式深化兩岸經濟合作。推動兩岸產業合作協調發展、金融業合作及貿易投資等雙向開放合作。推進海峽西岸經濟區建設，打造平潭等對台合作平台。擴大兩岸人員往來，深化兩岸農業、文化、教育、科技、社會等領域交流合作，增進兩岸同胞福祉，讓更多台灣民眾、青少年和中小企業受益。

　　台灣，是中國永遠不可分割的領土。長期以來，特別是過去七年多來，兩岸雙方在堅持「九二共識」、反對「台獨」的共同政治基礎上建立並增進互信，開闢了兩岸關係和平發展道路，取得了一系列豐碩成果。例如，海峽兩岸關係協會和海峽交流基金會「兩會」協商簽署了二十三項協議，解決了關乎兩岸同胞切身利益的很多問題。

　　兩岸經濟合作持續深化，實現全面直接雙向「三通」，給兩岸同

胞帶來了許多實實在在的好處。兩岸各領域交流蓬勃發展，密切了兩岸同胞感情。兩岸協商處理有關涉外事務，減少了內耗，避免了摩擦，形成了合力。這些重要成果的獲得，極大地凝聚了兩岸同胞情，釋放了兩岸同胞義。

 深度解析

　　二〇一五年六月十八日，國務院公佈了修改後的《中國公民往來台灣地區管理辦法》，對台灣民眾來往大陸的手續進行了簡化。中國中央政府決定自二〇一五年七月一日起規定，台灣民眾將可免簽來往大陸，大陸居民往來台灣通行證的有效期也將從五年延長至十年。新辦法的頒布和實施，讓台灣民眾感受到兩岸和平發展的意義。

　　二〇一五年十一月七日下午，兩岸領導人習近平和馬英九在新加坡香格里拉大酒店會面。這是一九四九年以來兩岸領導人首次會面。在公開會面中，兩岸領導人的歷史性握手持續了八十秒，互稱「先生」，並肩揮手，共同翻開了兩岸關係歷史性的一頁。這一歷史性的會面同時也向國際社會宣誓，兩岸是有智慧、有能力來解決自己問題的，任何企圖插手兩岸事務或者利用台灣問題作為挑戰中國、威脅亞太地區和平與安全的敵對勢力或國家，都是不可能得逞的。

五、積極參與全球經濟治理

《建議》提出，推動國際經濟治理體系改革完善，積極引導全球經濟議程，促進國際經濟秩序朝著平等公正、合作共贏的方向發展。加強宏觀經濟政策國際協調，促進全球經濟平衡、金融安全、經濟穩定增長。積極參與網路、深海、極地、空天等新領域國際規則制定。

當今時代，全球各經濟體聯繫日益緊密，相互依存程度越來越高，但現有全球經濟治理體系形成於六十年前，很難適應新形勢、新變化。事實上，提高中國在全球經濟治理中的制度性話語權，既是中國發展的需要，也是世界發展的需要。提高話語權是為了讓規則制度更加公平、與時俱進，為了更完善更公平地開放發展，為了世界各國更平等地發展。「制度性話語權」意味著中國在參與全球經濟治理的過程中，將更加注重做國際經貿規則的參與者、引領者，擴大國際合作與交流。

(一)推動多邊貿易談判進程，促進多邊貿易體制均衡、共贏、包容發展，形成公正、合理、透明的國際經貿規則體系。支持發展中家平等參與全球經濟治理，促進國際貨幣體系和國際金融監管改革。

多邊貿易體制和區域貿易安排一直是驅動經濟全球化向前發展的兩個輪子。現在，全球貿易體系正經歷自一九九四年烏拉圭回合談判以來最大的一輪重構。中國是經濟全球化的積極參與者和堅定支持者，也是重要建設者和主要受益者。中國經濟發展進入新常態，妥善應對中國經濟社會發展中面臨的困難和挑戰，更加需要擴大對外開放。

(二)加快實施自由貿易區戰略，推進區域全面經濟夥伴關係協定談判，推進亞太自由貿易區建設，致力於形成面向全球的高標準自由貿易區網絡。

中國自由貿易試驗區示意圖

　　十七大會議把自由貿易區建設上升為國家戰略，十八大會議提出
要加快實施自由貿易區戰略。十八屆三中全會提出要以周邊為基礎
加快實施自由貿易區戰略，形成面向全球的高標準自由貿易區網絡。
中國要加快實施自由貿易區戰略，發揮自由貿易區對貿易投資的促進
作用，儘可能幫助中國企業開拓國際市場，為中國經濟發展注入新動
力、增添新活力、擴展新空間。加快實施自由貿易區戰略，是中國積
極參與國際經貿規則制定、爭取全球經濟治理制度性權力的重要平
台，中國不能當旁觀者、跟隨者，而是要做參與者、引領者，善於通
過自由貿易區建設增強中國國際競爭力，在國際規則制定中發出更多
中國聲音、注入更多中國元素，維護和擴展中國的發展利益。

六、積極承擔國際責任和義務

(一)堅持共同但有區別的責任原則、公平原則、各自能力原則，積極參與應對全球氣候變化談判，落實減排承諾。

作為發展中國家的代表，中國長期積極致力於推動全球氣候談判，以身作則踐行相關減排承諾，在全球氣候變化治理中扮演建設性的關鍵角色。中國支持定期盤點包括減排在內的相關目標實施進展，體現了中國主動承擔大國責任的擔當。

 深度解析

二○一五年六月，中國向聯合國氣候變化框架公約秘書處提交了應對氣候變化國家自主貢獻文件，提出「到二○三○年，單位國內生產總值二氧化碳排放比二○○五年下降百分之六十至百分之六十五」等目標。而就在二○一四年，中國單位國內生產總值能耗和二氧化碳排放比二○○五年已分別下降百分之二十九‧九和百分之三十三‧八。二○三○年行動目標的提出，不僅是中國作為公約締約方的規定動作，同時也向世界展示了中國走綠色、低碳發展道路的決心

(二)擴大對外援助規模，完善對外援助方式，為發展中國家提供更多免費的人力資源、發展規劃、經濟政策等方面諮詢培訓，擴大科技教育、醫療衛生、防災減災、環境治理、野生動植物保護、減貧等領域對外合作和援助，加大人道主義援助力度。主動參與二○三○年可持續發展議程。

中國是世界上最大的發展中國家，人口多、底子薄、經濟發展不

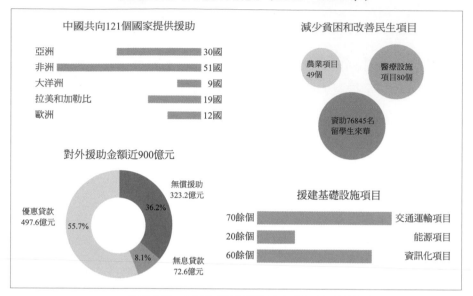

中國政府對外援助情況（2010—2012年）

中國共向121個國家提供援助

亞洲	30國
非洲	51國
大洋洲	9國
拉美和加勒比	19國
歐洲	12國

減少貧困和改善民生項目

農業項目49個
醫療設施項目80個
資助76845名留學生來華

對外援助金額近900億元

無償援助 323.2億元 36.2%
優惠貸款 497.6億元 55.7%
無息貸款 72.6億元 8.1%

援建基礎設施項目

70餘個	交通運輸項目
20餘個	能源項目
60餘個	資訊化項目

資料來源：中國國務院新聞辦公室《中國的對外援助（2014）》白皮書

平衡。發展仍然是中國長期面臨的艱巨任務，這決定了中國的對外援助屬於南南合作範疇，是發展中國家間的相互幫助。

（三）維護國際公共安全，反對一切形式的恐怖主義，積極支持並參與聯合國維和行動，加強防擴散國際合作，參與管控熱點敏感問題，共同維護國際通道安全。加強多邊和雙邊協調，參與維護全球網路安全。推動國際反腐敗合作。

二〇一四年，有約十一萬八千名的聯合國維和人員在世界各地執行了十六項維和任務。中國參與了其中的十項維和任務，超過了美國、俄羅斯、英國和法國四個安理會常任理事國。

建設反腐敗合作網絡，返還腐敗資產，拒絕為腐敗官員提供避罪港。二〇一四年十一月，二十一個經濟體就反腐合作達成共識，通過《北京反腐敗宣言》，宣佈成立APEC反腐執法合作網絡，在亞太加大追逃追贓等合作，攜手打擊跨境腐敗行為。

第七講

堅持共享發展，著力增進人民福祉

〈一〉增加公共服務供給

〈二〉實施脫貧攻堅工程

〈三〉提高教育品質

〈四〉促進就業創業

〈五〉縮小收入差距

〈六〉建立更加公平更可持續的社
會保障制度

〈七〉推進健康中國建設

〈八〉促進人口均衡發展

《建議》第七部分內容要點

1 增加公共服務供給
- 推進基本公共服務全面覆蓋
- 創新公共服務提供方式

2 實施脫貧攻堅工程
- 實施精準扶貧、精準脫貧
- 擴大貧困地區基礎設施覆蓋面，推進貧困地區基本公共服務均等化
- 實行脫貧工作責任制

3 提高教育品質
- 推動義務教育均衡發展，普及高中階段教育，發展學前教育
- 促進教育公平
- 全面提高高等教育品質，落實並深化考試招生制度改革和教育教學改革

4 促進就業創業
- 堅持就業優先戰略，完善創業扶持政策
- 推行終身職業技能培訓制度
- 完善就業服務體系

5 縮小收入差距
- 健全國民工資調整機制
- 實行有利於縮小收入差距的政策
- 支持慈善事業發展

6 建立更加公平更可持續的社會保障制度
- 完善職工養老保險個人賬戶制度
- 推進醫療保險改革

7 推進健康中國建設
- 全面推進公立醫院綜合改革，優化醫療衛生機構佈局
- 完善基本藥物制度，健全藥品供應保障機制
- 實施食品安全戰略

8 促進人口均衡發展
- 堅持計劃生育基本國策，全面實施「二孩」政策
- 積極開展應對人口老齡化行動
- 為特殊群體保護提供有效的制度性支持

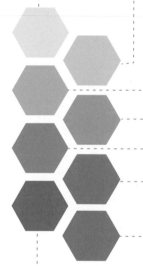

《建議》提出，按照人人參與、人人盡力、人人享有的要求，堅守底線、突出重點、完善制度、引導預期，注重機會公平，保障基本民生，實現全體人民共同邁入全面小康社會。

　　邁向全面小康社會的過程，也是實現社會公平正義的過程。一方面，保證人人享有發展機遇、享有發展成果，全體人民推動發展的積極性、主動性、創造性才能充分調動起來。另一方面，中國經濟發展的「蛋糕」不斷做大，但分配不公的問題比較突出，收入差距、城鄉區域公共服務水平差距較大，共享發展的實際情況和制度設計都有不完善的地方。為此，中共十八屆五中全會作出增加公共服務供給、實施脫貧攻堅工程、提高教育品質、促進就業創業、縮小收入差距、建立更加公平更可持續的社會保障制度、推進健康中國建設、促進人口均衡發展八個方面的部署，既是關於共享發展的有效制度安排，也是推動共享發展的重要著力點。

　　堅持共享發展，首先要突出人民的主體地位。全面小康，是惠及全體人民的小康，要使全體人民朝著共同富裕方向穩步前進，絕不能出現「富者累巨萬，貧者食糟糠」的現象。堅持共享發展，關鍵是作出更有效的制度安排，加緊建設對保障社會公平正義具有重大作用的制度，逐步建立以權利公平、機會公平、規則公平為主要內容的社會公平保障體系，努力營造公平的社會環境，保證人民平等參與、平等發展權利。

　　只有讓發展成果公平共享，全面小康才能凝心聚力；只有讓人民幸福安康，中國才能在現代化道路上穩健前行。

一、增加公共服務供給

　　《建議》提出，堅持普惠性、保基本、均等化、可持續方向，從解決人民最關心最直接最現實的利益問題入手，增強政府職責，提高

公共服務共建能力和共享水平。

公共服務均等化是公共財政的基本目標之一，是指政府要為社會公眾提供基本的、在不同階段具有不同標準、最終大致均等的公共物品和公共服務。公共服務均等化有助於公平分配，實現公平和效率的統一。

隨著經濟社會的持續發展，公共服務需求也在不斷增長。實現公共服務的均等化目標，要求增加公共服務供給來滿足日益增長的公共服務需要。增加公共產品、公共服務供給，既是普遍提高人民生活水平和品質的重要保障，也是經濟發展的重要引擎。

目前，公共產品短缺、公共服務薄弱等問題依然突出。解決這一問題，應合理區分基本需求與非基本需求，政府主要是保基本、兜底線，非基本需求主要依靠市場來解決。

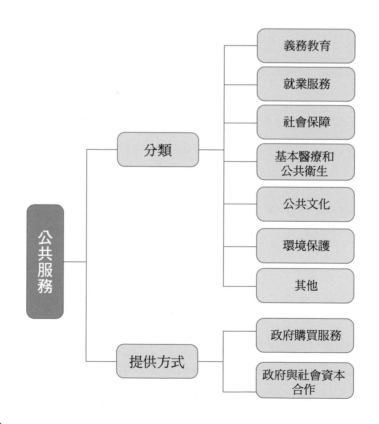

（一）加強義務教育、就業服務、社會保障、基本醫療和公共衛生、公共文化、環境保護等基本公共服務，努力實現全覆蓋。加大對革命老區、民族地區、邊疆地區、貧困地區的轉移支付。加強對特定人群特殊困難的幫扶。

基本公共服務是國家提供給公民的基礎便利服務。它是指建立在一定社會共識基礎上，根據一國經濟社會發展階段和總體水平，為維持本國經濟社會的穩定、基本的社會正義和凝聚力，保護個人最基本的生存權和發展權，為實現人的全面發展所需要的基本社會條件。社會發展的基本宗旨是人人共享、普遍受益。而加快建立覆蓋全體社會成員的基本公共服務體系，推進基本公共服務均等化，是實現人人共享社會發展成果的必然選擇。通過實現基本公共服務均等化，讓人民共享改革發展成果，是解決民生問題、化解社會矛盾、促進社會和諧、體現社會公平的迫切需要。

（二）創新公共服務提供方式，能由政府購買服務提供的，政府不再直接承辦；能由政府和社會資本合作提供的，廣泛吸引社會資本參與。加快社會事業改革。

改革開放以來，中國公共服務體系和制度建設不斷推進，初步形成了政府主導、社會參與、公辦民辦並舉的公共服務供給模式。同時，與民眾日益增長的公共服務需求相比，仍需要政府進一步強化公共服務職能，創新公共服務供給模式，有效動員社會力量，構建多層次、多方式、多元化的公共服務供給體系，提供更加方便、快捷、優質、高效的公共服務。

要創新公共產品、公共服務供給機制，加強政社合作機制，將公共服務的政府供給與社會供給有機結合，一方面有效對接與整合多方資源，另一方面發揮政府與社會提供公共服務的各自優勢與特點，構建一個較為完備的公共服務供給體系。通過政府與社會資本合作、特

許經營等市場化辦法，引導社會資本及外商投資參與，使公共服務體系更加健全，基本公共服務均等化水平不斷提高，公平性和可及性明顯增強。按照保基本、建機制原則，完善社會保障制度，築牢保障基本民生的安全網。

 深度解析

　　二〇一四年十二月二日，中國國家發展和改革委員會下發了《關於開展政府和社會資本合作的指導意見》，從項目適用範圍、部門聯審機制、合作夥伴選擇、規範價格管理、開展績效評價、做好示範推進等方面，對開展政府和社會資本合作（PPP）提出具體要求。二〇一四年十一月二十九日，財政部印發了《政府和社會資本合作模式操作指南（試行）》，對項目識別、準備、採購、執行、移交五個環節的操作流程作出了詳細說明。國家發展和改革委員會及財政部先後出台政府和社會資本合作的不同文件，為社會資本參與政府項目提供了制度保障和操作指導，旨在探索具有可行性、可複製推廣的PPP模式，加快政府部門和社會資本合作項目的實踐。

二、實施脫貧攻堅工程

　　《建議》提出，農村貧困人口脫貧是全面建成小康社會最艱巨的任務。必須充分發揮政治優勢和制度優勢，堅決打贏脫貧攻堅戰。

　　實現「十三五規劃」目標，讓全體人民共享小康生活，首先必須消除貧困。未來五年之內，中國現行標準下農村貧困人口實現脫貧，貧困縣全部摘帽，解決區域性整體貧困，共享小康，任務光榮而艱巨。

（一）實施精準扶貧、精準脫貧，因人因地施策，提高扶貧實效。分類扶持貧困家庭，對有勞動能力的支持發展特色產業和轉移就業，對「一方水土養不起一方人」的實施扶貧搬遷，對生態特別重要和脆弱的實行生態保護扶貧，對喪失勞動能力的實施兜底性保障政策，對因病致貧的提供醫療救助保障。實行低保政策和扶貧政策銜接，對貧困人口應保盡保。

二〇一三年十月，習近平到湖南湘西考察時，首次提出了「精準扶貧」概念。在貴州又講了六個精準：「對象要精準、項目安排要精準、資金使用要精準、措施到位要精準、因村派人要精準、脫貧成效要精準。」

精準扶貧是針對粗放扶貧提出的。長期以來，由於貧困居民數據來自抽樣調查後的逐級往下分解，扶貧中的低質、低效問題普遍存在。原有的扶貧制度設計存在缺陷，不少扶貧項目粗放「漫灌」，針對性不強，更多的是在「扶農」而不是「扶貧」。所以，扶貧必須要有「精準度」，專項扶貧更要瞄準貧困居民，特別是財政專項扶貧資金務必重點用在貧困居民身上，用在正確的方向上。扶貧要做雪中送炭的事，千萬不能拿扶貧的錢去搞高標準的新農村建設，做形象工程，而不能實現扶真貧。貧困區域的發展，主要應使用財政綜合扶貧

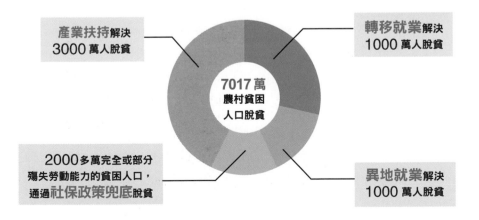

資金和其他資金。

實踐證明，精準扶貧是適合中國當前發展階段新特徵的扶貧方式，是實現七千多萬貧困人口全部脫貧的重要舉措。

(二)擴大貧困地區基礎設施覆蓋面，因地制宜解決通路、通水、通電、通網路等問題。對在貧困地區開發水電、礦產資源佔用集體土地的，試行給原住居民集體股權方式進行補償，探索對貧困人口實行資產收益扶持制度。

基礎設施建設與經濟發展之間的各個環節都是相輔相成的，經濟發展可提供基礎設施建設牢固的基礎。基礎設施建設是經濟發展的主要因素，具有所謂的「乘數效應」，能帶來幾倍於投資額的社會總需求和國民收入。一個國家或地區的基礎設施是否完善，是其經濟是否可以長期持續穩定發展的重要基礎，在脫貧工作中是重中之重。

公路、鐵路建設是交通運輸服務最基本的基礎設施建設。要根據貧困地區與全中國各省、市、縣的地理位置，修建適當的鐵路幹線，以使貧困地區的經濟與發達地區的經濟接軌，積極發展農村配送物流。推進貧困地區土地整治，加快中低產田改造，開展土地平整，提高耕地品質。普及資訊服務，優先實施重點縣村村通有線電視、電話、互聯網工程。加快農村郵政網絡建設，推進電信網、廣電網、互聯網三網融合。

(三)提高貧困地區基礎教育品質和醫療服務水平，推進貧困地區基本公共服務均等化。建立健全農村留守兒童和婦女、老人關愛服務體系。

推進邊遠貧困地區適當集中辦學，加快寄宿制學校建設，加大對邊遠貧困地區學前教育的扶持力度，逐步提高農村義務教育家庭經濟困難寄宿生生活補助標準。免除中等職業教育學校家庭經濟困難學生

和涉農專業學生學費，繼續落實國家助學金政策。改善公共衛生和人口服務管理。提高新型農村合作醫療和醫療救助保障水平。進一步健全貧困地區基層醫療衛生服務體系，改善醫療與康復服務設施條件。加強婦幼保健機構能力建設。加大重大疾病和地方病防控力度。

完善社會保障制度。逐步提高農村最低生活保障和五保供養水平，切實保障沒有勞動能力和生活常年困難農村人口的基本生活。健全自然災害應急救助體系，完善受災群眾生活救助政策。加快新型農村社會養老保險制度覆蓋進度，支持貧困地區加強社會保障服務體系建設。

（四）實行脫貧工作責任制，進一步完善中央統籌、省（自治區、直轄市）負總責、市（地）縣抓落實的工作機制。強化脫貧工作責任考核，對貧困縣重點考核脫貧成效。加大中央和省級財政扶貧投入，發揮政策性金融和商業性金融的互補作用，整合各類扶貧資源，開闢扶貧開發的新資金渠道。健全東西部協作和黨政機關、部隊、人民團體、國有企業定點扶貧機制，激勵各類企業、社會組織、個人自願採取包幹方式參與扶貧。把革命老區、民族地區、邊疆地區、集中連片貧困地區作為脫貧攻堅重點。

在眾多扶貧縣中，「一邊享受貧困縣支持政策、一邊過著富裕縣日子的現象」並不少見，這導致地方政府常常為了貧困縣的「帽子」爭得「頭破血流」。一些地方出現「扶強難扶弱」的異化現象，不僅讓貧困群眾深感不滿，也讓關心貧困的人士甚為擔憂；有的扶貧項目不接地氣、不做長遠規劃，只管把資金投出去就「一了百了」，成效如何反倒不重視、不關心，導致好鋼難以用在刀刃上。更有甚者，用「劫持」、「提留」、吃「回扣」、虛報冒領等各種伎倆打扶貧資金主意，讓「雪中送炭」的扶貧款成了「唐僧肉」，妄想分一杯「扶貧羹」。

問題是時代的聲音。這些扶貧「亂象」再次暴露出扶貧資金管理、使用和脫貧考核中的種種「弊病」。如果不妥善解決，不僅讓群眾傷心流淚，更會嚴重影響中國共產黨黨委政府的形象和公信力。

實行脫貧責任制，建立完善更加突出扶貧導向的考核評價機制，激發做事激情，繼而引導貧困地區管治團隊將主要精力放到扶貧開發上來，把考核重點更多地放在減貧數量、貧困人口收入增幅、基礎設施和公共服務改善情況上來。

實行脫貧工作責任制，要注重考核貧困地區轉變發展方式、解決制約發展突出問題的情況，把實施扶貧重大項目的成效作為檢驗貧困地區發展績效的重要標準。

三、提高教育品質

《建議》提出，全面貫徹黨的教育方針，落實立德樹人根本任務，加強社會主義核心價值觀教育，培養德智體美全面發展的社會主義建設者和接班人。深化教育改革，把增強學生社會責任感、創新精神、實踐能力作為重點任務貫徹到國民教育全過程。

教育是人的基本權利之一，僅次於生存權。教育也是立國之本，強國之基。百年大計，教育為本。教育是提高人民綜合素質，促進人的全面發展的重要途徑，是民族振興、社會進步的重要基石，是傳授已知、更新舊知、開掘新知、探索未知、認識和改造世界的重要手段，也是對中華民族偉大復興具有決定性意義的宏偉事業。

當今世界綜合國力的競爭，說到底是人才的競爭。人才成為推動經濟社會發展的戰略性資源。建設中國特色社會主義，實現「兩個一百年」奮鬥目標，實現中華民族偉大復興的中國夢，歸根到底要靠人才，靠教育。教育的基礎性、先導性、全面性地位和作用日益凸顯，辦好有中國特色、世界水平的現代教育，責任高於天，使命重如山。

深度解析

　　《國家中長期教育改革和發展規劃綱要(二〇一〇至二〇二〇年)》提出，把提高品質作為教育改革發展的核心任務。樹立科學的教育品質觀，把促進人的全面發展、適應社會需要作為衡量教育品質的根本標準。樹立以提高品質為核心的教育發展觀，注重教育內涵發展，鼓勵學校辦出特色、辦出水平，出名師，育英才。建立以提高教育品質為導向的管理制度和工作機制，把教育資源配置和學校工作重點集中到強化教學環節、提高教育品質上來。制定教育品質國家標準，建立教育品質保障體系。加強教師隊伍建設，提高教師整體素質。

　　「十二五」以來，中國教育改革發展取得了顯著成就。特別是十八大以來，中國教育事業邁上新台階，總體發展水平進入世界中上行列，服務經濟社會發展能力顯著提高，國際影響力穩步增強，人力資源強國建設加快推進，為提高全民族素質、實施創新驅動發展作出了重要貢獻。

　　(一)推動義務教育均衡發展，全面提高教育教學品質。普及高中階段教育，逐步分類推進中等職業教育免除學雜費，率先從建檔立卡的家庭經濟困難學生實施普通高中免除學雜費。發展學前教育，鼓勵普惠性幼兒園發展。完善資助方式，實現家庭經濟困難學生資助全覆蓋。

　　推進義務教育均衡發展。均衡發展是義務教育的戰略性任務。推進義務教育學校標準化建設，建立健全義務教育均衡發展保障機制，均衡配置教師、設備、圖書、校舍等各項資源。

提高義務教育品質。建立國家義務教育品質基本標準和監測制度。嚴格執行義務教育國家課程標準、教師資格標準。深化課程與教學方法改革，逐步推行小班教學。配齊音樂、體育、美術等薄弱學科教師，開足規定課程。大力推廣普通話教學，使用規範漢字。

加快普及高中階段教育。高中階段教育是學生個性形成、自主發展的關鍵時期，對提高國民素質和培養創新人才具有特殊意義。要注重培養學生自主學習、自強自立和適應社會的能力，克服「應試教育」傾向。

增強職業教育吸引力。完善職業教育支持政策。逐步實行中等職業教育免費制度，完善家庭經濟困難學生資助政策。改革招生和教學模式。積極推進「雙證書」制度，推進職業院校課程標準和職業技能標準相銜接。

重點發展農村學前教育。學前教育對幼兒習慣養成、智力開發和身心健康具有重要意義。要遵循幼兒身心發展規律，堅持科學的保教方法，保障幼兒快樂健康成長。重點發展農村學前教育。努力提高農村學前教育普及程度。著力保證留守兒童入園。

(二)促進教育公平。加快城鄉義務教育公辦學校標準化建設，加強教師隊伍特別是鄉村教師隊伍建設，推進城鄉教師交流。辦好特殊教育。

加快縮小城鄉差距。建立城鄉一體化的義務教育發展機制，在財政撥款、學校建設、教師配置等方面向農村傾斜。

實行縣（區）域內教師和校長交流制度。實行優質普通高中和優質中等職業學校招生名額合理分配到區域內初中的辦法。義務教育階段不得設置重點學校和重點班。在保證適齡兒童少年就近進入公辦學校的前提下，發展民辦教育，提供選擇機會。

促進教育公平。要著力促進教育制度規則公平，全面推進依法治

教和依法治校，堅持用規範管理維護教育公平，探索教育行政執法體制機制改革，完善督導制度和監督問責機制。要實施好大學招生「陽光工程」，建立和完善大學畢業生就業服務體系，堅決治理教育亂收費。要依法落實民辦學校、學生、教師與公辦學校、學生、教師平等的法律地位。

(三)提高大學教學水平和創新能力，使若干大學和一批學科達到或接近世界一流水平。建設現代職業教育體系，推進產教融合、校企合作。優化學科專業佈局和人才培養機制，鼓勵具備條件的普通本科大學向應用型轉變。

高等教育承擔著培養高級專門人才、發展科學技術文化、促進現代化建設的重大任務。要加快創建世界一流大學和高水平大學的步伐，培養拔尖創新人才，形成世界一流學科，提升中國綜合國力。要適應國家和區域經濟社會發展需要，需要建立動態調整機制，不斷優化高等教育結構。

在職業教育方面，通過三年建設，到二〇一八年，實現高等職業教育整體實力顯著增強，人才培養結構更加合理、品質持續提高，服

 深度解析

二〇一五年八月十八日，中共中央全面深化改革領導小組第十五次會議通過了《統籌推進世界一流大學和一流學科建設總體方案》。會議強調，要推動一批高水平大學和學科進入世界一流行列或前列，提升高等教育綜合實力和國際競爭力，培養一流人才，產出一流成果。要引導和支持高等院校優化學科結構，凝練學科發展方向，突出學科建設重點，通過體制機制改革激發大學內生動力和活力。

務《中國製造2025》的能力和服務經濟社會發展的水平顯著提升，促使高等教育結構優化成效更加明顯，推動現代職業教育體系日臻完善。

大學要堅定樹立主動為社會服務的意識，全方位開展服務。推進產學研用結合，加快科技成果轉化。加快推進地方本科大學向應用技術、職業教育類型轉變，轉型發展的核心是建立中國高等學校的分類體系，從現有本科大學裡面劃出一部分，推動它們培養更多的應用型人才、技術技能型人才。

（四）落實並深化考試招生制度改革和教育教學改革。建立個人學習賬號和學分累計制度，暢通繼續教育、終身學習通道。推進教育資

Q&A

問：什麼是個人學習賬號？如何建立個人學習賬號和學分累計制度？

答：個人學習賬號是記錄和積累個人學習成果的賬號，是認可多重學習成果、支撐全民學習終身學習的基礎性制度，其背後是之前提出的「學分銀行」和學歷認可制度。個人經歷了靈活的、零散的高等教育、職業教育、繼續教育乃至非正式學習後，可通過個人學習賬號記錄，認可學分甚至獲得學歷文憑。

實現這一設想，需要分步驟實施。首先，應在受國家承認學歷的高等教育、職業教育和繼續教育系統間建立學分銜接、轉換制度。其次，要讓在教育培訓機構學習、在工廠當學徒、通過網路學習課程等學習形式也能通過認可獲得學分，納入國家學歷體系。最後，打通正規教育、非正規和非正式學習之間學分轉換通道。

訊化，發展遠程教育，擴大優質教育資源覆蓋面。完善教育督導，加強社會監督。支持和規範民辦教育發展，鼓勵社會力量和民間資本提供多樣化教育服務。

建立個人學習賬號和學分累計制度，前者對接的是考試招生制度改革深化，後者聯繫的是「暢通繼續教育、終身學習通道」。這一舉措事關促進人的全面發展和經濟社會持續健康發展的全局，需要一代又一代中國人的接續努力。

「教育現代化」已成為各界的要求。教育資訊化具有數位化、網路化、多媒體化、智能化、開放性、共享性、交互性與協作性等特點。利用資訊資源發展遠程教育，可以有效促進擴大優質教育資源覆蓋面。

教育督導是一項開創性的工作，關係到教育事業的健康和諧發展，關係到現代教育制度的建立。要完善教育督導，加強社會監督，實現義務教育初步均衡發展目標，提高教育教學品質。

鼓勵社會力量興辦教育。要出台鼓勵社會力量興辦教育的政策文件，召開全國民辦教育工作會議，研究制定民辦學校分類管理配套政策，推進獨立學院規範發展，為民辦教育提供更大的發展空間。

四、促進就業創業

《建議》提出，堅持就業優先戰略，實施更加積極的就業政策，創造更多就業崗位，著力解決結構性就業矛盾。完善創業扶持政策，鼓勵以創業帶就業，建立面向人人的創業服務平台。

就業是民生之本、穩定之基，安居樂業是人民的普遍嚮往，所以，「十三五」時期將實行就業優先戰略。習近平指出：「要通過穩定經濟增長和調整經濟結構，特別是扶持小微企業和服務業發展，努力增加就業崗位。抓好大學畢業生就業工作，加大自主創業支持力

度，對就業困難畢業生進行幫扶，增強學生就業創業和職業轉換能力。」

鼓勵和扶持創業，需要為創業者精心打造創業服務平台，提供全面的公共服務。還需要幫創業者解決後顧之憂。創業風險大，要根據創業者的特點和需求，進一步完善社會保障體系，為創業者提供靈活多樣的保障。

(一)統籌人力資源市場，打破城鄉、地區、行業分割和身份、性別歧視，維護勞動者平等就業權利。加強對靈活就業、新就業形態的支持，促進勞動者自主就業。落實大學畢業生就業促進和創業引領計劃，帶動青年就業創業。加強就業援助，幫助就業困難者就業。

就業始終是民生領域的重大問題，是民眾改善生活的基本前提和基本途徑。當前和今後一段時期，中國就業總量壓力很大，結構性矛盾突出，就業形勢嚴峻。為切實解決好就業這個民生問題，中國共產黨黨中央、國務院把促進就業作為經濟社會發展的優先目標。十八大

「十二五」時期與「十三五」時期城鎮每年就業目標對比

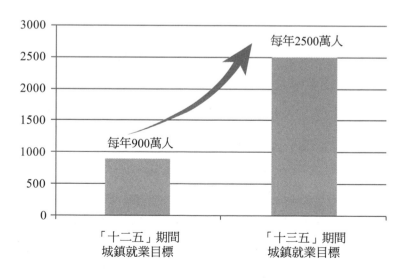

報告第一次將促進就業上升到新的戰略高度，明確提出實施就業優先戰略和更加積極的就業政策。

平等就業權，從形式上講即就業機會均等，是指一切有勞動能力和就業能力願望的人，不分民族、種族、性別、宗教信仰等狀況，都能平等地依其興趣、愛好、技能並結合社會的需要自由地選擇職業，包括在就業過程中對女性、未成年人、殘疾人等的特殊照顧和實質平等。這就要求政府統籌人力資源市場，打破城鄉、地區、行業分割和身份、性別歧視，維護勞動者平等就業權利。支持靈活就業，鼓勵自主創業，幫助更多無業或失業人員實現再就業。

(二)推行終身職業技能培訓制度。實施新生代農民工職業技能提升計劃。開展貧困家庭子女、未升學初高中畢業生、農民工、失業人員和轉崗職工、退役軍人免費接受職業培訓行動。推行工學結合、校企合作的技術工人培養模式，推行企業新型學徒制。提高技術工人待遇，完善職稱評定制度，推廣專業技術職稱、技能等級等與大城市落戶掛鉤做法。

《建議》專門明確提出「提高技術工人的待遇」，這意味著以後技工的錢包可能鼓得更快。有技術含量的職業今後會更加吃香，更加受尊重，這樣反過來也會促進這方面教育、培訓的發展。技工隊伍的擴大，也有助於促進中國經濟向中高端水平邁進，從「製造大國」向「製造強國」邁進。《中國製造2025》為製造強國建設增添了重要砝碼，也向技術工人提出了更高要求。尤其在「互聯網+」的時代，「中國製造」需要的工人已不再是簡單的體力勞動者，而是高技能複合型人才。現代產業工人不能只靠力量，要學會動腦子、勤思考、敢創新。只有透過苦幹、實幹、巧幹，才能更好地實現自己的價值。目前，中國基本形成了以技工院校等職業院校為基礎、以企業行業為主體、學校教育與企業培養密切聯繫、政府推動與社會支持相互結合的

高技能人才培養體系。政府一方面要引導職業教育培訓資源投入，提升職業技能培訓機構的基本辦學條件，優化職業教育培訓資源佈局；另一方面要引導職業院校對接支柱產業和重點企業的技能人才需求，深化「工學一體，校企雙制」校企合作模式。除此之外，還要注意培養高技能人才，提高企業的參與度。

(三)提高勞動力素質、勞動參與率、勞動生產率，增強勞動力市場靈活性，促進勞動力在地區、行業、企業之間自由流動。建立和諧勞動關係，維護職工和企業合法權益。

勞動力素質是勞動者思想素質、智力素質和體力素質的總稱。勞動力素質水平是一個國家、地區或某個歷史時期的社會經濟、科學技術和文化水平的集中體現。勞動參與率是經濟活動人口（包括就業者和失業者）佔勞動年齡人口的比率，是用來衡量人們參與經濟活動狀況的指標，反映了潛在勞動者個人對於工作收入與閒暇的選擇偏好。勞動生產率是衡量一個國家經濟發展水平和生產力發展水平的核心指標。

提高勞動力素質、勞動參與率、勞動生產率都會提高勞動力市場的靈活性，降低就業的穩定性。勞動力市場的就業靈活性和穩定性問題，直接關係到一個國家或地區經濟運作的平穩性、企業競爭力、勞動者的收入與福利、人們的工作與生活方式。就業靈活性與穩定性之間往往存在著一種此消彼長的關係。建立和諧勞動關係一方面要求增強就業的穩定性，另一方面要求維護職工與企業的合法權益。構建和諧勞動關係是構建和諧社會和全面建成小康社會的必備要素。

(四)完善就業服務體系，提高就業服務能力。完善就業失業統計指標體系。

公共就業服務體系建設對促進勞動力供求平衡、建立靈活有效的人力資源市場、促進求職人員特別是困難群體就業具有重要作用。近年來，各地區、各有關部門把促進就業作為服務經濟、改善民生的頭等大事，實施積極的就業政策，強化公共就業服務體系建設、深入開展就業援助，推進城鄉勞動力創業就業，有效地實現經濟發展與促進就業的良性互動。

進一步加強公共就業服務體系建設，要求推進公共就業服務制度化、專業化、標準化和資訊化建設，形成覆蓋城鄉的公共就業服務網絡，為城鄉勞動者提供免費、均等、便捷、高效的就業服務。在中國，隨著勞動力市場機制的運作及其功能的發揮，失業問題必然出現。因此，建立完善的就業失業統計指標體系，對此進行反映、檢測和分析，以採取及時有效的措施予以干預和控制，具有非常重要的意義。

 專家評論

楊志明（人力資源和社會保障部副部長）：新生代農民工通常指「八〇後」「九〇後」農民工，已經佔到農民工群體的百分之七十以上。與老一代農民工相比，他們在訴求上有新的變化：由過去進城掙錢、回鄉發展，轉向現在進城就業、融入城市發展；由過去主要要求足額支付勞動工資，轉向現在要求參加社會保險；由過去主要要求改善勞動條件，轉向現在要求分享企業和城市發展成果。新生代農民工對融入城市有強烈的願望。他們面臨技能提升、住所改善、落戶城市、權益維護等突出問題，這些都需要從制度建設上來推動解決。

五、縮小收入差距

《建議》提出，堅持居民收入增長和經濟增長同步、勞動報酬提高和勞動生產率提高同步，持續增加城鄉居民收入。調整國民收入分配格局，規範初次分配，加大再分配調節力度。

收入是民生之源。收入分配是關係人們切身物質利益的重大社會經濟問題。民眾透過向市場提供勞動、產品和生產要素獲得合理報酬，實現自己的物質利益，是社會基本的公平正義；政府必須積極發揮宏觀調控收入分配的作用，以在這一公平正義的基礎上增進社會福利，促使大家共享經濟發展成果。政府透過有效的宏觀調控，彌補市場調節收入初次分配的不足和缺陷，是各級政府的重要職能和應盡職責，是實現人民對美好生活的嚮往和通向社會共同富裕之路的強有力保障。

(一)健全科學的工資水平決定機制、正常增長機制、支付保障機制，推行企業工資集體協商制度。完善最低工資增長機制，完善市場評價要素貢獻並按貢獻分配的機制，完善適應機關事業單位特點的工資制度。

《建議》提出，到二〇二〇年國內生產總值和城鄉居民人均收入比二〇一〇年增加一倍。到二〇二〇年城鄉居民收入翻倍，這是改善民生的「硬要求」。完善最低工資增長機制，對於低收入者來說無疑具有很大的意義。各地區的最低工資標準要根據經濟發展、物價變動等因素，及時進行調整。

(二)實行有利於縮小收入差距的政策，明顯增加低收入勞動者收入，擴大中等收入者比重。加快建立綜合和分類相結合的個人所得

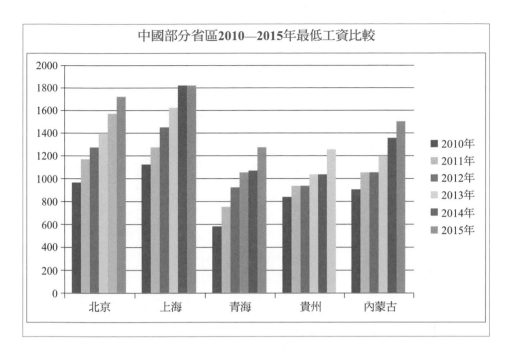

中國部分省區2010—2015年最低工資比較

稅制。多渠道增加居民財產性收入。規範收入分配秩序，保護合法收入，規範隱性收入，遏制以權力、行政壟斷等非市場因素獲取收入，取締非法收入。

稅收是政府調節收入分配的重要槓桿。根據經濟發展和合理調節收入分配差距的需要制定相應的稅法和稅率，政府嚴格徵管，能夠對市場初次分配的結果起到再調節的作用。

透過行政的、法律的手段，堅決取締非法收入，是政府宏觀調控收入分配，確保社會財富公平合理享有的無可替代的重要職能。當前，中國社會收入分配差距過大，堅尼係數超過了國際公認的警戒線。究其原因，除了市場分配不健全形成的不合理收入差距外，最為突出的是一些人透過不正當手段獲得了大量的灰色收入和黑色收入，這些非法收入是分配的最大不公平。腐敗不僅是經濟問題，而且會對中國共產黨和中國政府造成致命傷害，甚至亡黨亡國。堅定不移反對腐敗，建設廉潔政治，是中國共產黨一貫堅持的鮮明政治立場，是人

中國城鄉居民收入差距
(單位：元)

年份	城鎮居民人均可支配收入	農民居民人均純收入
2000年	6280	2253.4
2011年	21809.8	6977.3
2012年	24564.7	7916.6
2013年	26955.1	8895.9
2014年	28844	10489

城鎮居民人均可支配收入　農民居民人均純收入

民關注的重大政治問題，是政府宏觀調控收入分配的一項重大而又艱巨的任務。推進政治體制改革，遏制腐敗，清除少數人對社會財富的不合理佔有，是政府更好地發揮宏觀調控收入分配作用的體現。

 專家評論

　　李實（北京師範大學經濟與工商管理學院教授）：接近○‧五的堅尼係數可以說是一個比較高的水平，世界上堅尼係數超過○‧五的國家只有百分之十左右；主要發達國家的堅尼係數一般都在○‧二四到○‧三六之間。未來幾年，中國的收入差距可能仍會處在高位徘徊狀態，既不會出現明顯擴大，也不會出現明顯縮小的趨勢，堅尼係數預計將在○‧四五至○‧五之間波動。

(三)支持慈善事業發展，廣泛動員社會力量開展社會救濟和社會互助、志願服務活動。完善鼓勵回饋社會、扶貧濟困的稅收政策。

慈善事業發展是經濟社會健康發展的需要，同時也是經濟社會發展的結果。合理的慈善捐贈稅收政策能夠積極地推動慈善事業發展。發展慈善事業，引導社會力量開展慈善幫扶，是補上社會建設「短板」、弘揚社會道德、促進社會和諧的重要舉措。按照規定，中國企業和個人在慈善捐贈之後可以獲得相應的稅收減免。稅收政策作為政府對慈善事業發展的間接財政支持形式，比政府直接的財政支持更加溫和與委婉，也避免了政府對慈善組織和慈善活動的直接控制與干預，有利於引導和促進慈善事業自覺發展。

要優先發展具有扶貧濟困功能的慈善組織。地方政府和社會力量可通過公益創投等方式，為初創期慈善組織提供支持。積極探索金融支持慈善發展的政策，推動慈善事業發展。

六、建立更加公平更可持續的社會保障制度

《建議》提出，實施全民參保計劃，基本實現法定人員全覆蓋。堅持精算平衡，完善籌資機制，分清政府、企業、個人等的責任。適當降低社會保險費率。完善社會保險體系。

社會保障制度是現代國家重要的社會經濟制度之一，也是社會文明進步的重要標準之一。在國民經濟快速發展的同時，中國的社會保障制度也正在日趨完善、走向全民共享。習近平指出：「我們還要建立更加公平可持續的社會保障制度，完善城鎮職工基本養老、城鄉居民養老、城鎮基本醫療、失業、工傷、生育等保險，加強社會救助，提高社會福利水平。」

加快推進養老保險制度改革

完善職工養老保險個人賬戶制度

實現職工基礎養老金全國統籌

拓寬社會保險基金投資管道

出台漸進式延遲退休年齡政策

加快發展補充養老保險

建立基本養老金合理增長機制

（一）完善職工養老保險個人賬戶制度，健全多繳多得激勵機制。實現職工基礎養老金全國統籌，建立基本養老金合理調整機制。擴寬社會保險基金投資渠道，加強風險管理，提高投資回報率。逐步提高國有資本收益上繳公共財政比例，劃轉部分國有資本充實社保基金。出台漸進式延遲退休年齡政策。發展職業年金、企業年金、商業養老保險。

中國正步入老齡化社會。「十三五」時期是全面建成小康社會的決勝階段，這意味著城鎮化速度將進一步加快，人口流動更加自由。如果養老保障體系存在的區域割裂、職業身份割裂、城鄉割裂等問題遲遲得不到解決，勢必會阻礙以人為核心的新型城鎮化推進步伐。加快推進基礎養老金全國統籌，促進人口合理有序流動，勢在必行。

實行職工基礎養老金全國統籌，有利於解決地區間養老金收支不平衡的問題，促進地區和行業間養老金水平的均等化。劃轉部分國有資本充實社保基金也有利於籌集養老資金，確保養老金足額及時發放，讓居民可以分享更多國企發展的紅利。

Q&A

問：什麼是職工基本養老保險個人賬戶？

答：職工基本養老保險個人賬戶，是指社會保險經辦機構以居民身份證號碼為標識，為每位參加基本養老保險的職工個人設立的唯一的、用於記錄職工個人繳納的養老保險費和從企業繳費中劃轉記入的基本養老保險費，以及上述兩部分的利息金額的賬戶。該賬戶是職工在符合國家規定的退休條件並辦理了退休手續後，領取基本養老金的主要依據。

(二) 健全醫療保險穩定可持續籌資和報銷比例調整機制，研究實行職工退休人員醫保繳費參保政策。全面實施城鄉居民大病保險制度。改革醫保支付方式，發揮醫保控費作用。改進個人賬戶，開展門診費用統籌。實現跨省異地安置退休人員住院醫療費用直接結算。整合城鄉居民醫保政策和經辦管理。鼓勵發展補充醫療保險和商業健康保險。鼓勵商業保險機構參與醫保經辦。將生育保險和基本醫療保險合併實施。

社會醫療保險是國家為使公民因在年老、患病、失業、工傷、生育等喪失勞動能力的情況下能夠獲得補償和幫助所建立的保障制度。它強制投保，目的是為了確保勞動者的基本生活，維護社會穩定。商業健康保險主要是保險公司根據合約約定，當被保險人死亡、傷殘、疾病或達到約定的年齡、期限時承擔給付保險金的責任。它是由投保人自願投保，個人向保險公司支付保險費。社會醫療保險具有覆蓋面廣、對投保人群不設限制、保費相對低廉、賠付門檻較低等優點，但也存在一些不足。首先，社會醫療保險保障水平較低。社會醫療保險支付的標準是以保障被保險人基本生活為前提，這對於追求高品質生

活的投保人來說遠遠不夠。其次，社會醫療保險種類、功能單一，以「社會公平」為原則，無法滿足社會各階層的不同要求。而商業健康保險通過設計不同的費率、不同的產品，給客戶提供了更多的選擇。總而言之，社會醫療保險重在保障，商業健康保險重在賠償，兩者各行其道，相輔相成。

（三）統籌救助體系，強化政策銜接，推進制度整合，確保有困難民眾的基本生活。

要加快推進社會救助制度體系建設，不斷加大城鄉救助資金投入力度。「十三五」時期，要加快完善各項社會救助制度，加強社會福利體系建設。加強城鄉低保制度和戶籍制度改革的銜接，完善低保標準確定和調整辦法，實現城鄉低保資金統籌使用。實施特困人員供養制度，統籌整合農村「五保」供養和城市「三無」人員救助制度。完善養老服務業發展各項政策措施，加快建立完善對經濟困難的高齡、失能等老年人的補貼制度，加快建立困難殘疾人生活補貼和重度殘疾人護理補貼制度。加大扶持慈善事業發展力度，研究建立慈善幫扶與社會救助制度之間的銜接機制，發揮政府保基本、兜底線的作用。

七、推進健康中國建設

《建議》提出，深化醫藥衛生體制改革，實行醫療、醫保、醫藥聯動，推進醫藥分開，實行分級診療，建立覆蓋城鄉的基本醫療衛生制度和現代醫院管理制度。

深化醫改是全面建成小康社會的重要任務。要以打造健康中國為目標，以制度建設為根本，以強基層為重點，協調推進醫療、醫保、醫藥聯動改革。要全面落實醫療衛生服務體系規劃，明確各級醫療機

構功能定位，促進優質醫療資源下沉，提升基層服務能力，更詳細地推進分級診療，以發揮城鄉居民健康「守門人」作用。要堅持公益性，加大公立醫院改革力度，完善人事薪酬、內部運作機制，建立現代醫院管理制度。要理順藥品價格，全面實施城鄉居民大病保險制度，加強醫德醫風建設，培育人民滿意的健康衛士。

中國新一輪醫改大事記

時間	事件
2006 年 6 月	國務院籌劃啟動新一輪醫改
2006 年 9 月	16個部委組成的醫改協調小組成立
2007 年	醫改協調小組委託包括北京大學、世界衛生組織等在內的多家海內外機構提交、討論醫改方案
2008 年 10 月	《關於深化醫藥衛生體制改革的意見（徵求意見稿）》面向全社會徵求意見，共收到反饋意見3.5萬餘條
2009 年 1 月	國務院常務會議通過《關於深化醫藥衛生體制改革的意見》和《2009—2011年深化醫藥衛生體制改革實施方案》，新一輪醫改方案正式出台
2009 年 4 月	《中共中央國務院關於深化醫藥衛生體制改革的意見》和《醫藥衛生體制改革近期重點實施方案（2009—2011年》公佈
2009 年 8 月	《國家基本藥物目錄（基層醫療衛生機構配備使用部分）》（2009年版）發佈
2010 年 2 月	衛生部、中央編制辦公室、國家發展和改革委員會、財政部、人力資源和社會保障部聯合發佈《關於公立醫院改革試點的指導意見》
2010 年 12 月	國務院辦公廳轉發國家發展和改革委員會、衛生部、財政部、商務部、人力資源和社會保障部五部門《關於進一步鼓勵和引導社會資本舉辦醫療機構的意見》；《國務院辦公廳關於印發建立和規範政府辦基層醫療衛生機構基本藥物採購機制指導意見的通知》、《國務院辦公廳關於建立健全基層醫療衛生機構補償機制的意見》公佈

時間	事件
2011 年 6 月	國務院醫改專家諮詢委員會第一次全體會議舉行
2011 年 7 月	《國務院關於建立全科醫生制度的指導意見》發佈；國務院辦公廳轉發國家發展和改革委員會、財政部、衛生部《關於清理化解基層醫療衛生機構債務的意見》、《國務院辦公廳關於進一步加強鄉村醫生隊伍建設的指導意見》發佈
2012 年 3 月	《「十二五」期間深化醫藥衛生體制改革規劃暨實施方案》出台
2013 年 7 月	國務院提出醫改四大主要工作任務
2014 年 1 月	醫改辦發佈《關於加快推進城鄉居民大病醫保工作的通知》
2014 年 3 月	國務院總理李克強在政府工作報告中指出，2014年要推動醫改向縱深發展
2014 年 4 月	國家發展和改革委員會、國家衛生和計劃生育委員會等聯合發佈《關於非公立醫療機構服務實行市場調節價有關問題的通知》
2014 年 5 月	國家衛生和計劃生育委員會、國家發展和改革委員會等聯合印發《關於做好常用低價藥品供應保障工作的意見》
2014 年	13家保險公司開展了大病保險，覆蓋城鄉居民6.5億人

資料來源：新華社

(一)全面推進公立醫院綜合改革，堅持公益屬性，破除逐利機制，建立符合醫療行業特點的人事薪酬制度。優化醫療衛生機構佈局，健全上下聯動、銜接互補的醫療服務體系，完善基層醫療服務模式，發展遠程醫療。促進醫療資源向基層、農村流動，推進全科醫生、家庭醫生、急需領域醫療服務能力提高、電子健康檔案等工作。鼓勵社會力量興辦健康服務業，推進非營利性民營醫院和公立醫院同等待遇。加強醫療品質監管，完善糾紛調解機制，構建和諧醫病關係。

要充分發揮公立醫院公益性質和主體作用，切實履行政府辦醫責任，著力推進管理體制、補償機制、價格機制、人事編制、收入分配、醫療監管等體制機制改革。統籌優化醫療資源佈局、構建合理就醫秩序、推動社會辦醫、加強人才培養等各項工作，為持續深化公立醫院改革形成可複製、可推廣的實踐經驗。

要透過推動城市公立醫院建立現代醫院管理制度，加快政府職能轉變，推進管辦分開，完善法人治理結構和治理機制，合理界定政府、公立醫院、社會、患者的責任權利關係。建立公立醫院科學補償機制，以破除以藥補醫機制為關鍵環節，透過降低藥品耗材費用、取消藥品加成、深化醫保支付方式改革、規範藥品使用和醫療行為等措施，留出空間，同步理順公立醫院醫療服務價格，建立符合醫療行業特點的薪酬制度。構建協同發展的服務體系，以基層服務能力建設為基礎，以分工協作機制為支撐，綜合運用法律、社保、行政和市場手段，優化資源配置，引導合理就醫。

(二)堅持中西醫並重，促進中醫藥、民族醫藥發展。完善基本藥物制度，健全藥品供應保障機制，理順藥品價格，增加愛滋病防治等特殊藥物免費供給。提高藥品品質，確保用藥安全。加強傳染病、慢性病、地方病等重大疾病綜合防治和職業病危害防治，透過多種方式降低大病慢性病醫療費用。倡導健康生活方式，加強心理健康服務。

改革藥品價格監管方式，規範高值醫用耗材的價格。減少藥品和醫用耗材流通環節，規範流通經營和企業自主定價行為。試點城市成交價格不得高於省級中標價格。如果試點城市成交價格明顯低於省級中標價格，省級中標價格應按試點城市成交價格調整。可結合實際鼓勵省際跨區域、專科醫院等聯合採購。高值醫用耗材必須透過省級集中採購平台進行陽光採購，網上公開交易。

專家評論

謝維（資深醫藥行業專家）：健康中國建設對醫改將起到引領作用，而醫改只是實現健康中國的一種方式。解決「看病難、看病貴」等實質性問題，要求建立一個更有效的運作模式和機制體制，最終更有利於實現老百姓的健康要求，保持社會的長期穩定發展。此次健康中國建設的提出，將對醫改的要求提到了一個更高的水平上。

加強藥品品質安全監管，嚴格市場准入和藥品註冊審批，保障藥品的供應配送和品質安全。採取多種形式推進醫藥分開，患者可自主選擇在醫院門診藥房或憑處方到零售藥店購藥。加強合理用藥和處方監管，採取處方負面清單管理、處方點評等形式控制抗菌藥物不合理使用，強化激素類藥物、抗腫瘤藥物、輔助用藥的臨床使用干預。

(三)實施食品安全戰略。形成嚴密高效、社會共治的食品安全治理體系，讓民眾吃得放心。

民以食為天，食以安為先。《建議》明確提出，要實施食品安全戰略，形成嚴密高效、社會共治的食品安全治理體系，讓民眾吃得放心。

依照相關規定，除了對食品生產企業進行資質審查外，還應對其產品品質進行抽查。但在實際操作中，日常抽查往往流於形式，甚至有的企業還通過交錢收買的方式逃避抽檢。這難免讓食品品質時好時壞，直至問題食品輕鬆潛入市場，禍害消費者。

因此，對食品安全問題要善於治理。其一，監管執法必須前移到位，不能總是接到投訴後被動檢查。其二，食品安全執法應該貫穿於生活常態，才能對問題食品生產、銷售起到真正的震懾作用。只有市

場監管、行政執法等部門戮力同心，從源頭上掃除滋生食品安全犯罪的土壤環境才不會成為一件難事。

八、促進人口均衡發展

《建議》提出，堅持計劃生育的基本國策，完善人口發展戰略。全面實施一對夫婦可生育兩個孩子政策。提高生殖健康、婦幼保健、托幼等公共服務水平。幫扶存在特殊困難的計劃生育家庭。注重家庭發展。

(一)堅持計劃生育的基本國策，完善人口發展戰略。

全面實施一對夫婦可生育兩個孩子政策。當前，中國人口結構呈現明顯的高齡少子特徵，適齡人口生育意願明顯降低，婦女總和生育率明顯低於更替水平。「全面二孩」政策實施對於人口年齡結構有一定的修復作用。經過多年的計劃生育政策後，中國家庭逐步簡約化，「全面二孩」政策在一定程度上可以改善家庭結構，有利於家庭經濟社會功能的發揮。

(二)積極開展應對人口老齡化行動，弘揚敬老、養老、助老社會風尚，建設以居家為基礎、社區為依托、機構為補充的多層次養老服務體系，推動醫療衛生和養老服務相結合，探索建立長期護理保險制度。全面放開養老服務市場，通過購買服務、股權合作等方式支持各類市場主體增加養老服務和產品供給。

中國進入老齡化社會以來，呈現出老年人口基數大、增速快、高齡化、失能化、空巢化趨勢明顯的態勢，再加上中國未富先老的國情和家庭小型化的結構疊加在一起，養老問題異常嚴峻。

中國人口金字塔100年間的變化

資料來源：*World Population Prospects:The 2004 Revision (2005)*

「中國式養老」以家庭為主，今後仍有百分之九十六的老人要居家養老。「醫養結合」的養老院和居家養老服務中心將納入城鄉醫保定點範疇，老人就近就便看病，解決養老和醫療雙重需求。

養老除了要保障老年人的基本生活之外，還需要大量的適合老年人心理、醫學等諸多方面的專業護理服務。未來養老的發展應該是老年人的生活保障逐漸走向社會化，變家庭養老為社會養老，由政府承擔養老服務是大趨勢。

中國60歲以上人口和14歲以下人口比例與世界平均水平對比

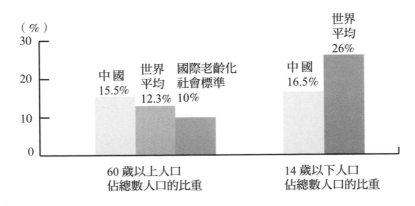

在城鎮建設規劃中，要充分考慮人口老齡化的趨勢，加快社區老年服務建設，合理規劃社區藍圖，使老年人能就近得到諮詢、購物、清掃、陪伴、護理、緊急救護等各種服務，並為老年人學習、文體、康樂、交往等社會活動需求提供條件，逐步建成適合城鄉不同特點、多層次、多功能、多項目的社區老年人服務體系。

(三)堅持男女平等基本國策，保障婦女和未成年人權益。支持殘疾人事業發展，健全扶殘助殘服務體系。

各級黨委和政府一定要充分認識婦女的重要作用和婦女工作的重大意義。做好婦女工作，關係到團結凝聚佔中國人口半數的廣大婦女，關係到為黨和人民事業發展提供強大力量，關係到鞏固中國共產黨執政的階級基礎和群眾基礎。必須堅持男女平等基本國策，充分發揮中國婦女偉大作用，為實現「兩個一百年」奮鬥目標、實現中華民族偉大復興的中國夢而奮鬥。

未成年人是祖國的未來和希望，為他們的健康成長創造一個良好的外部環境，不僅關係到每一個孩子、每一個家庭、每一所學校，而且關係到整個民族的明天。教育最重要的任務是培養具有全面文明素養的人。未成年人權益的保護是全社會的系統工程，它牽涉到國家的政策法律、家庭的監護、學校的教育、社會大眾的關愛等，然而最根本的保護還是法律制度的保護，因為在法治社會當中，包括未成年人在內的每一個公民的權利都是由法律予以規定並保障其實現的。

加強殘疾人社會保障體系和服務體系建設，有利於促進國家社會保障和服務制度的建立完善，對促進社會公平、緩解社會矛盾、維護社會穩定，對保障殘疾人的權利、維護殘疾人的尊嚴、發揮殘疾人的潛能，激勵和調動殘疾人充分參與社會生活等具有積極的作用。

中國生育政策演變過程

年份

○ 1949 年 鼓勵生育

新中國成立之初，政府全力支持和宣傳鼓勵人口增長和獎勵多子女母親的政策

○ 1954 年 支持節育

這一時期，開始支持民眾避孕節育

○ 1960 年 提倡晚婚

政府提出在城市和人口稠密的農村進行節制生育，適當控制人口自然增長率，並大力提倡晚婚

○ 1971 年 計劃生育政策起步

1971 年，國務院批准《關於做好計劃生育工作的報告》，強調「要有計劃生育」。在當年制定的「四五」計劃中，提出「一個不少，兩個正好，三個多了」

○ 1978 年 計劃生育載入憲法

憲法規定「國家提倡和推行計劃生育」。計劃生育第一次以法律形式載入中國憲法

○ 1982 年 計劃生育成為基本國策

十二大把計劃生育確定為基本國策

○ 1984 年 計劃生育政策微調

「一孩政策」有所微調，主要是對農村稍作放開，「開小口、堵大口」

○ 2002 年 「雙獨二孩」陸續推開

開始施行《人口與計劃生育法》，各地根據該法制定「雙獨二胎」政策，陸續在全國推行

○ 2013 年 啟動「單獨二孩」

11月，十八屆三中全會審議通過《中共中央關於全面深化改革若干重大問題的決定》。決定提出，堅持計劃生育的基本國策，啟動實施一方是獨生子女的夫婦可生育兩個孩子的政策，逐步調整完善生育政策，促進人口長期均衡發展

○ 2015 年 全面放開「二孩」

11月，十八屆五中全會審議通過的《中共中央關於制定國民經濟和社會發展第十三個五年規劃的建議》提出，為促進人口均衡發展，堅持計劃生育的基本國策，完善人口發展戰略，全面實施一對夫婦可生育兩個孩子政策

第八講

加強和改善中國共產黨的領導，為實現「十三五規劃」提供堅強保證

一 完善中國共產黨領導經濟社會發展工作體制機制

二 動員民眾團結奮鬥

三 加快建設人才強國

四 運用法治思維和法治方式推動發展

五 加強和創新社會治理

六 確保「十三五規劃」《建議》的目標任務落到實處

《建議》第八部分內容要點

1 完善中國共產黨領導經濟社會發展工作體制機制

- ·優化管治團隊知識結構和專業結構，深化幹部人事制度改革
- ·加強中國共產黨的各級組織建設，強化基層黨組織整體功能
- ·反腐倡廉，全面從嚴治黨

2 動員民眾團結奮鬥

- ·加強思想政治工作，創新群眾工作體制機制和方式方法
- ·鞏固和發展最廣泛的愛國統一戰線

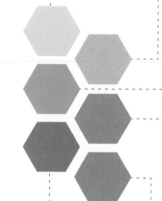

3 加快建設人才強國

- ·推動人才結構戰略性調整
- ·優化人力資本配置，清除人才流動障礙

4 運用法治思維和法治方式推動發展

- ·加強中國共產黨對立法工作的領導
- ·加強法治政府建設
- ·深化司法體制改革
- ·弘揚社會主義法治精神

5 加強和創新社會治理

- ·加強社會治理基礎制度建設
- ·完善社會治安綜合治理體制機制
- ·健全公共安全體系，加強全民安全意識教育
- ·堅決維護國家安全

6 確保「十三五規劃」《建議》的目標任務落到實處

- ·各地區要從實際出發制定本地區「十三五規劃」
- ·各級各類規劃要增加明確反映創新、協調、綠色、開放、共享發展理念的指標，增加政府履行職責的約束性指標

《建議》指出，發展是中國共產黨執政興國的第一要務。各級黨委必須深化對發展規律的認識，提高領導發展能力和水平，推進國家治理體系和治理能力現代化，以便推動經濟社會發展。

一、完善中國共產黨領導經濟社會發展工作體制機制

《建議》指出，堅持中國共產黨總攬全局、協調各方，發揮各級黨委（黨組）領導核心作用，加強制度化建設，改進工作體制機制和方式方法，強化全委會決策和監督作用。提高決策科學化水平，完善黨委研究經濟社會發展戰略、定期分析經濟形勢、研究重大方針政策的工作機制，健全決策諮詢機制。完善資訊發佈制度。

（一）優化領導團隊知識結構和專業結構，注重培養選拔政治強、懂專業、善治理、敢擔當、作風正的領導幹部，提高專業化水平。深化幹部人事制度改革，完善政績考核評價體系和獎懲機制，調動各級幹部工作積極性、主動性、創造性。

中國共產黨在十八屆三中全會通過的《中共中央關於全面深化改革若干重大問題的決定》提出，堅持黨管幹部原則，深化幹部人事制度改革，構建有效管用、簡便易行的選人用人機制，使各方面優秀幹部充分湧現。這是在總結實踐經驗的基礎上，對幹部人事制度改革總的方向、目標和思路的新概括，是進一步深化幹部人事制度改革的總要求。幹部人事制度改革是共產黨的建設制度改革和政治體制改革的重要內容，需要把它放到堅持和發展中國特色社會主義制度這個大局下去認識、去審視，放到全面深化改革的整體佈局中去謀劃、去推進。隨著全面深化改革的展開，特別是市場在資源配置中決定性作用的發揮，幹部工作需要充分走群眾路線，進一步擴大民主，增強透明度。但必須明確指出，這種改革的目的是提高黨管幹部水平，更優良地為黨選拔優秀人才，決不是放棄黨管幹部原則。在全面深化改革中繼續推進幹部人事制度改革，必須堅持黨管幹部原則，牢牢把握正確方向。幹部人事制度改革的每一項措施都應有利於加強而不是削弱中國共產黨的領導，有利於鞏固而不是動搖中國共產黨的執政地位。

(二)加強中國共產黨的各級組織建設，強化基層黨組織整體功能，發揮戰鬥堡壘作用和黨員先鋒模範作用，激勵全國幹部開拓進取、攻堅克難，更好地帶領群眾全面建成小康社會。

強化中國共產黨基層組織整體功能是以習近平為總書記的黨中央深刻認識複雜多變的世界、牢牢把握國際國內兩個大局、全面落實從嚴治黨主體責任的生動體現，更是著眼於基層黨組織當前所面臨的巨大挑戰、必須強化基層黨組織整體功能全面貫徹落實而作出的重大舉措。如何把握基層黨組織的政治屬性與強化服務功能的關係至關重要，這對於基層黨組織功能定位，對於強化基層黨組織整體功能得以全面落地生根，有著十分重要的意義。各級地方黨委和基層黨組織要認真研究、大膽探索運作機制、工作方法和操作規程，使這項「功在

十八大以來加強基層黨組織和黨員隊伍建設成果

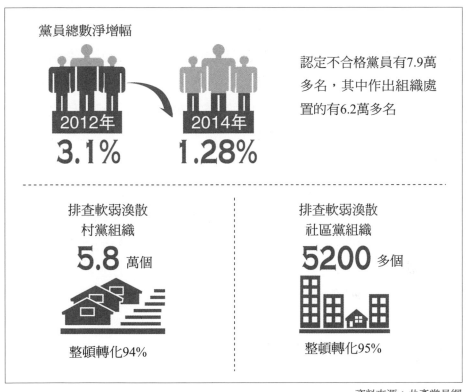

黨員總數淨增幅

2012年
3.1%

2014年
1.28%

認定不合格黨員有7.9萬多名，其中作出組織處置的有6.2萬多名

排查軟弱渙散
村黨組織
5.8 萬個

整頓轉化94%

排查軟弱渙散
社區黨組織
5200 多個

整頓轉化95%

資料來源：共產黨員網

當代、利在千秋」的事業不斷向前推進、不斷開拓新的境界。

　　(三)反腐倡廉建設永遠在路上，反腐不能停步、不能放鬆。要堅持全面從嚴治黨，落實「三嚴三實」要求，嚴明黨的紀律和規矩，落實黨風廉政建設主體責任和監督責任，健全改進作風長效機制，強化權力運作制約和監督，鞏固反腐敗成果，構建不敢腐、不能腐、不想腐的有效機制，努力實現幹部清正、政府清廉、政治清明，為經濟社會發展營造良好政治生態。

　　習近平關於「在實現不敢腐、不能腐、不想腐上還沒有取得壓倒性勝利，腐敗活動減少了但並沒有絕跡，反腐敗體制機制建立了但還

不夠完善，思想教育加強了但思想防線還沒有築牢」的深刻總結，關於「減少腐敗存量、遏制腐敗增量、重構政治生態的工作艱巨繁重」的深刻判斷，是讓全黨在成績面前保持冷靜的「清醒劑」，也是指引全黨從新的更高起點再出發的「進軍號」。反腐倡廉面臨的複雜形勢和艱巨任務決定了必須堅持全面從嚴治黨的要求不鬆勁，查處腐敗問題「必須堅持零容忍的態度不變、猛藥去痾的決心不減、刮骨療毒的勇氣不洩、嚴厲懲處的尺度不鬆」。黨風廉政建設和反腐敗鬥爭永遠在路上，只有一刻也不停頓、一毫也不鬆懈，才能贏得這場關係中國共產黨的存亡興衰的攻堅戰、持久戰。

各級領導都要樹立和發揚好的作風，既嚴以修身、嚴以用權、嚴以律己，又謀事要實、創業要實、做人要實。廣大黨員幹部要以「三嚴三實」為要求，做教育實踐活動的表率。把學習擺在突出位置，認真學習中央及各級領導關於教育實踐活動的文件精神，認真學習厲行節約、反對浪費等相關知識讀本，將理論學習教育貫穿教育實踐活動全過程，夯實理論基礎，不斷深化學習內容，進一步堅定理想信念，加深對教育實踐活動的認識，著力解決好世界觀、人生觀、價值觀這個「總開關」問題。

 專家評論

邱學強（最高人民檢察院副檢察長）：把權力關進制度的籠子裡，形成不敢腐的懲戒機制、不能腐的防範機制、不易腐的保障機制，指明了新時期反腐敗鬥爭的基本走向；堅持全面從嚴治黨，以更大的政治勇氣和智慧，不失時機地深化重要領域改革，攻克體制機制上的頑症痼疾，突破利益固化的藩籬，構建良好的政治生態，實現幹部清正、政府清廉、政治清明，彰顯出反腐敗的價值目標。

中國查處違反中央八項規定精神問題匯總表（截至 2015 年 9 月 30 日）

項目	總計	級別 省部級	級別 地廳級	級別 縣處級	級別 鄉科級	違規公款吃喝	公款國內旅遊	公款出國境旅遊	違規配備使用公務用車	樓堂館所違規問題	違規發放津補貼或福利	違規收送禮品禮金	大辦婚喪喜慶	其他
2015年9月份 查處問題數	3490	0	67	287	3136	463	170	24	679	91	732	532	486	313
2015年9月份 處理人數	4645	0	80	399	4166	619	306	37	869	123	988	735	558	410
2015年9月份 給予黨政紀處分人數	3443	0	69	279	3095	454	257	31	529	79	840	567	423	263
2015年以來 查處問題數	23515	2	249	2083	21181	2820	1229	226	6225	399	4366	3085	3466	1699
2015年以來 處理人數	31693	2	332	2884	28475	3988	2303	300	7756	540	6084	4000	4126	2596
2015年以來 給予黨政紀處分人數	20478	2	247	1773	18456	2562	1655	165	3681	313	4619	3136	2934	1413

備註：「其他」問題包括：提供或接受超標準接待、接受或用公款參與高消費娛樂健身活動、違規出入私人會所、領導幹部住房違規問題

資料來源：中共中央紀委黨政風風監督室

二、動員民眾團結奮鬥

　　人民是歷史的創造者，民眾是我們力量的源泉，是推動改革開放和社會主義現代化建設的主體力量和根本動力。深入貫徹中國共產黨的群眾路線，必須堅持一切依靠群眾，通過正確的方針政策和原則，通過科學的組織程序和激勵機制，把全國民眾的積極性、主動性、創造性最大限度地挖掘出來、集中起來、調動起來，使中國的偉大事業獲得最廣泛最可靠最牢固的群眾基礎和力量源泉。

　　《建議》提出，充分發揚民主，貫徹中國共產黨的群眾路線，提高宣傳和組織群眾能力，加強經濟社會發展重大問題和涉及群眾切身利益問題的協商，依法保障人民各項權益，激發各族人民建設祖國的主人翁意識。

　　(一)加強思想政治工作，創新群眾工作體制機制和方式方法，注重發揮工會、共青團、婦聯等群團組織的作用，正確處理人民內部矛盾，最大限度凝聚全社會推進改革發展、維護社會和諧穩定的共識和力量。高度重視做好意識形態領域工作，切實維護意識形態安全。

　　維護社會和諧穩定需從以下方面入手：一是在提升打擊防範效能中確保社會平安。堅持打早打小，強化合成作戰，對嚴重影響社會穩定的突出違法犯罪活動適時組織專項行動予以堅決打擊；大力推進資訊化建設，不斷增強打擊非傳統領域犯罪及新型智能化犯罪的精確性。二是在化解矛盾中理順社會情緒。應及時瞭解群眾意願，主動開展法規政策宣講工作，有針對性地加強預警研判，最大限度地減少社會風險。三是在做好群眾工作中促進社會和諧。作決策、做工作，應尊重民意、承接地氣，堅定樹立民意、民情、民生理念。

　　當前，中國主流意識形態面臨著來自國內外的諸多挑戰，維護意識形態安全是一項極端重要的工作。一是要維護意識形態安全的文化

改進群眾工作的方法

堅定不移走中國特色社會主義群團發展道路
- 堅持中國共產黨對群團工作的統一領導
- 堅持發揮橋樑和紐帶作用
- 堅持圍繞中心、服務大局
- 堅持服務群眾的工作生命線
- 堅持與時俱進、改革創新
- 堅持依法依章程獨立自主開展工作

加強黨委對群團工作的組織領導
- 群團組織實行分級管理、以同級黨委領導為主的體制，工會、共青團、婦聯受同級黨委和各自上級組織雙重領導
- 地方黨委要建立和完善研究決定群團工作重大事項制度
- 地方黨委有關工作會議應該請工會、共青團、婦聯等群團組織主要負責人參加或列席
- 把群團建設納入黨建工作總體部署中
- 群團組織中的黨組要充分發揮領導核心作用
- 領導幹部要加強對群團工作理論政策的學習研究

加大對群團工作的支持保障力度
- 主要新聞媒體要加強對群團工作的輿論宣傳
- 完善群團工作經費保障制度
- 鼓勵群團組織通過多種方式籌措事業發展資金，依法享受扶持政策
- 強化群團工作法治保障，提高群團工作法治化水平

加強群團組織領導團隊和幹部隊伍建設

基礎；二是要打牢意識形態安全的經濟基礎；三是要夯實意識形態安全的階級基礎；四是要構建意識形態安全的領導核心；五是要提升意識形態安全的國際傳播能力。

（二）鞏固和發展最廣泛的愛國統一戰線，全面落實黨的知識分子、民族、宗教、僑務等政策，充分發揮民主黨派、工商聯和無黨派

人士作用，深入開展民族團結進步宣傳教育，引導宗教與社會主義社會相適應，促進政黨關係、民族關係、宗教關係、階層關係、海內外同胞關係和諧，鞏固全中國各族人民大團結，加強海內外中華兒女大團結。

中國共產黨領導的多黨合作和政治協商制度是中國的一項基本政治制度。幾十年的實踐證明，這個制度是適合中國國情的，它植根於中國土壤，構成了中國特色社會主義制度的一個鮮明特點。堅持和完善中國共產黨領導的多黨合作和政治協商制度，可以更好地體現這項制度的效能，著力點在於發揮好民主黨派和無黨派人士的積極作用。要完善政治協商的內容和形式，建立健全知情和反饋機制，增加討論交流的平台和機會，使協商對凝聚共識、優化決策起到推動作用。要從制度上保障和完善參政議政、民主監督，探索有效形式。要支持民主黨派加強思想、組織、制度，特別是領導團隊建設，提高政治把握能力、參政議政能力、組織領導能力、合作共事能力、解決自身問題能力。

三、加快建設人才強國

《建議》提出，深入實施人才優先發展戰略，推進人才發展體制改革和政策創新，形成具有國際競爭力的人才制度優勢。

(一)推動人才結構戰略性調整，突出「高精尖缺」導向，實施重大人才工程，著力發現、培養、集聚戰略科學家、科技領軍人才、企業家人才、高技能人才隊伍。實施更開放的創新人才引進政策，更大力度引進急需緊缺人才，聚天下英才而用之。發揮政府投入引導作用，鼓勵企業、大學、科研院所、社會組織、個人等有序參與人才資源開發和人才引進。

人才，特別是科學家、科技人才、企業家和技能人才等創新型人才，是實施創新驅動戰略的主力軍。近年來，中國的人才隊伍規模日益壯大，人才體制機制改革和政策創新穩步推進，人才環境日益優化，重大人才工程引領示範作用不斷增強，人才服務體系逐步健全，各項人才工作取得積極進展。但必須清醒地看到，中國人才發展總體水平與世界先進水平相比仍有較大差距，人才隊伍的整體規模、素質能力、結構分佈與經濟社會發展需求還不相適應。中國科技創新人才分佈失衡，企業科技人員比例較低；創業創新能力不強，許多人才難以實現技術與商業之間的對接；科技人才供給與經濟發展需求脫節，「科學家和工程師的可獲得性」在全球排名靠後；科技人力資源大而不強，創新產出低下、轉化不足；產業發展急需的實用型技能人才普遍缺乏，高技能人才占比較低。同時，制約人才發展和發揮作用的體制機制障礙尚未消除，人才公共服務體系還不健全。這些都是制約中國向人才強國轉變的難點，需要我們在工作中深入研究，著力破解。

中國國家人才發展主要指標

指標	2008年	2015年	2020年
人才資源總量（萬人）	11385	15625	18025
每萬勞動力中研發人員（人）	24.8	33	43
高技能人才佔技能勞動者比例（%）	24.4	27	28
主要勞動年齡人口受過高等教育的比例（%）	9.2	15	20
人才資本投資佔國內生產總值比例（%）	10.75	13	15
人才貢獻率（%）	18.9	32	35

註：人才貢獻率數據為區間年均值，其中2008年數據為1978—2008年的平均值，2015年數據為2008—2015年的平均值，2020年數據為2008—2020年的平均值。

資料來源：中國《國家中長期人才發展規劃綱要（2010—2020 年）》

（二）優化人力資本配置，清除人才流動障礙，提高社會橫向和縱向流動性。完善人才評價激勵機制和服務保障體系，營造有利於人人皆可成才和青年人才脫穎而出的社會環境，健全有利於人才向基層、中西部地區流動的政策體系。

習近平要求，要用好用活人才，建立更為靈活的人才管理機制，打通人才流動、使用、發揮過程中的體制機制障礙；要著力破除束縛人才發展的思想觀念，推進體制機制改革和政策創新；各級黨委、政府要繼續完善凝聚人才、發揮人才作用的體制機制，進一步調動優秀人才創新創業的積極性；為了加快形成一支規模宏大、富有創新精神、敢於承擔風險的創新型人才隊伍，要重點在用好、吸引、培養上下功夫。

四、運用法治思維和法治方式推動發展

《建議》提出，厲行法治是發展社會主義市場經濟的內在要求。必須堅持依法執政，全面提高黨依據憲法法律治國理政、依據黨內法規管黨治黨的能力和水平。

中國共產黨十八屆四中全會通過的《中共中央關於全面推進依法治國若干重大問題的決定》（以下簡稱《決定》）強調「依法執政是依法治國的關鍵」，並對依法執政提出了一系列明確要求。「十三五」時期，我們仍要努力貫徹這些要求，自覺用這些要求指導工作。

（一）加強黨對立法工作的領導。加快重點領域立法，堅持立改廢釋並舉，深入推進科學立法、民主立法，加快形成完備的法律規範體系。

推進科學立法、民主立法，是提高立法品質的根本途徑。科學立法的核心在於尊重和體現客觀規律，民主立法的核心在於為了人民、依靠人民。《決定》提出，要完善科學立法、民主立法機制，創新公

眾參與立法方式，廣泛聽取各方面意見和建議。明確立法權力邊界，從體制機制和工作程序上有效防止部門利益和地方保護主義法律化。一是健全中國人大主導立法工作的體制機制，發揮人大及其常委會在立法工作中的主導作用；建立由中國人大相關專門委員會、中國人大常委會法制工作委員會組織有關部門參與起草綜合性、全局性、基礎性等重要法律草案制度；增加有法治實踐經驗的專職常委比例；依法建立健全專門委員會、工作委員會立法專家顧問制度。二是加強和改進政府立法制度建設，完善行政法規、規章制定程序，完善公眾參與政府立法機制；重要行政管理法律法規由政府法制機構組織起草；對部門間爭議較大的重要立法事項，由決策機關引入第三方評估，不能久拖不決。三是明確地方立法權限和範圍，禁止地方制定、頒發帶有立法性質的文件。

（二）加強法治政府建設，依法設定權力、行使權力、制約權力、監督權力，依法調控和治理經濟，推行綜合執法，實現政府活動全面納入法治軌道。深化司法體制改革，尊重司法規律，促進司法公正，完善對權利的司法保障、對權力的司法監督。弘揚社會主義法治精神，增強全社會特別是公職人員尊法學法守法用法觀念，在全社會形成良好法治氛圍和法治習慣。

政府是執法主體。對執法領域存在的有法不依、執法不嚴、違法不究，甚至以權壓法、權錢交易、徇私枉法等突出問題，老百姓深惡痛絕，必須下大氣力解決。《決定》提出，中國各級政府必須堅持在中國共產黨的領導下、在法治軌道上開展工作，加快建設職能科學、權責法定、執法嚴明、公開公正、廉潔高效、守法誠信的法治政府。《決定》提出了一些重要措施。一是推進機構、職能、權限、程序、責任法定化；二是建立行政機關內部重大決策合法性審查機制；三是推進綜合執法；四是加強對政府內部權力的制約；五是全面推進政務

《建議》五大法治關鍵詞解析

依法執政
必須堅持依法執政，全面提高黨依據憲法法律治國理政、依據黨內法規管黨治黨的能力和水平

科學立法
加強黨對立法工作的領導。加快重點領域立法，堅持立改廢釋並舉，深入推進科學立法、民主立法，加快形成完備的法律規範體系

法治政府
加強法治政府建設，依法設定權力、行使權力、制約權力、監督權力，依法調控和治理經濟，推行綜合執法，實現政府活動全面納入法治軌道

司法體制改革
深化司法體制改革，尊重司法規律，促進司法公正，完善對權利的司法保障和對權力的司法監督

全民守法
弘揚社會主義法治精神，增強全社會特別是公職人員尊法學法守法用法觀念，在全社會形成良好法治氛圍和法治習慣

公開。這些措施都有很強的針對性，也與十八屆三中全會精神一脈相承，對中國法治政府建設十分緊要。

五、加強和創新社會治理

《建議》提出，建設平安中國，完善黨委領導、政府主導、社會協同、公眾參與、法治保障的社會治理體制，推進社會治理精細化，構建全民共建共享的社會治理格局。健全利益表達、利益協調、利益保護機制，引導群眾依法行使權利、表達訴求、解決糾紛。增強社區服務功能，實現政府治理和社會調節、居民自治良性互動。

從「社會管理」到「社會治理」，一字之差的概念升級背後，是

中國近年來各種社會參與形式的廣泛興起。社會管理突出的是中國共產黨和中國政府的主體作用，而社會治理可能更多地需要政府搭建公共平台，由多元化的社會組織甚至公民個人參與對公共事務的管理。要鼓勵和支持社會各方面參與，實現政府治理和社會自我調節、居民自治良性互動。

創新社會治理，必須著眼於維護最廣大人民的根本利益，最大限度地增加和諧因素，增強社會發展活力，提高社會治理水平，全面推進平安中國建設，維護國家安全，確保人民安居樂業、社會安定有序。

 深度解析

國家治理體系和治理能力現代化，既是中國全面深化改革的目標，也是中國國家制度建設的重要內容。把「國家治理體系和治理能力現代化取得重大進展」納入全面建成小康社會的目標體系，體現了中國共產黨對全面建成小康社會規律認識的深化和系統化。民主和法治制度是國家治理的基礎性制度，民主制度更加成熟更加定型的主要標準是「人民民主更加充分」；法治制度更加成熟更加定型的主要表現是「法治政府基本建成」，而「人權得到切實保障，產權受到有效保護」則是中國全面小康社會基礎性制度體系基本形成的集中體現。

（一）加強社會治理基礎制度建設，建立國家人口基礎資料庫、統一社會信用代碼制度和相關實名登記制度，完善社會信用體系，健全社會心理服務體系和疏導機制、危機干預機制。

中國推進人口管理制度改革，健全人口資訊管理制度。加強和完善人口統計調查制度，進一步改進人口普查方法，健全人口變動調查制度。加快推進人口基礎資料庫建設，分類完善勞動就業、教育、收

入、社保、房產、信用、計生、稅務等資訊系統，逐步實現跨部門、跨地區資訊整合和共享，在此基礎上建設覆蓋全中國、安全可靠的國家人口綜合資料庫和資訊交換平台，到二〇二〇年在全中國實行以公民身份號碼為唯一標識，依法記錄、查詢和評估人口相關資訊制度，為中國人口服務和管理提供支撐。

社會信用體系的建立和完善是中國社會主義市場經濟不斷走向成熟的重要標誌之一。社會信用體系是以相對完善的法律、法規體系為基礎，以建立和完善信用資訊共享機制為核心，以信用服務市場的培育和形成為動力，以信用服務行業主體競爭力的不斷提高為支撐，以政府強有力的監管體系作保障的國家社會治理機制。它的核心作用在於記錄社會主體信用狀況、揭示社會主體信用優劣、警示社會主體信用風險，並整合全社會力量褒揚誠信、懲戒失信。社會誠信體系可以充分調動市場自身的力量淨化環境，降低發展成本和發展風險，弘揚誠信文化。

(二)完善社會治安綜合治理體制機制，以資訊化為支撐加快建設社會治安立體防控體系，建設基礎綜合服務管理平台。落實重大決策社會穩定風險評估制度，完善社會矛盾排查預警和調處化解綜合機制，加強和改進信訪和調解工作，有效預防和化解矛盾糾紛。嚴密防範、依法懲治違法犯罪活動，維護社會秩序。

社會治安綜合治理是在黨委、政府統一領導下，在充分發揮政法部門特別是公安機關骨幹作用的同時，組織和依靠各部門、各單位和民眾的力量，綜合運用政治、經濟、行政、法律、文化、教育等多種手段，通過加強打擊、防範、教育、管理、建設、改造等方面的工作，實現從根本上預防和治理違法犯罪，化解不安定因素，維護社會治安持續穩定的一項系統工程。要堅定樹立安全發展觀念，堅持人民利益至上，加強全民安全意識教育，健全公共安全體系。

（三）堅定樹立安全發展觀念，堅持人民利益至上，加強全民安全意識教育，健全公共安全體系。完善和落實安全生產責任和管理制度，實行黨政同責、一崗雙責、失職追責，強化預防治本，改革安全評審制度，健全預警應急機制，加大監管執法力度，及時排查化解安全隱患，堅決遏制重特大安全事故頻發勢頭。實施危險化學品和化工企業生產、倉儲安全環保搬遷工程，加強安全生產基礎能力和防災減災能力建設，切實維護人民生命財產安全。

（四）貫徹總體國家安全觀，實施國家安全戰略，落實重點領域國家安全政策，完善國家安全審查制度，完善國家安全法治，建立國家安全體系。依法嚴密防範和嚴厲打擊敵對勢力滲透顛覆破壞活動、暴力恐怖活動、民族分裂活動、極端宗教活動，堅決維護國家政治、經濟、文化、社會、資訊、國防等安全。

當前，國際形勢風雲變幻，中國經濟社會發生深刻變化，改革進入攻堅期和深水區，社會矛盾多發疊加，各種可以預見和難以預見的安全風險挑戰前所未有。必須始終增強憂患意識，做到居安思危，以總體國家安全觀為指導，堅決維護國家核心和重大利益，以人民安全為宗旨，在發展和改革開放中促安全，走中國特色國家安全道路。要做好各領域國家安全工作，大力推進國家安全各種保障能力建設，把法治貫穿於維護國家安全的全過程。

堅持正確義利觀，實現全面、共同、合作、可持續安全，在積極維護中國利益的同時，促進世界各國共同繁榮。運籌好大國關係，塑造周邊安全環境，加強與發展中國家的團結合作，積極參與地區和全球治理，為世界和平與發展作出應有貢獻。國家安全是安邦定國的重要基石。必須毫不動搖堅持中國共產黨對國家安全工作的絕對領導，堅持集中統一、高效權威的國家安全工作領導體制。

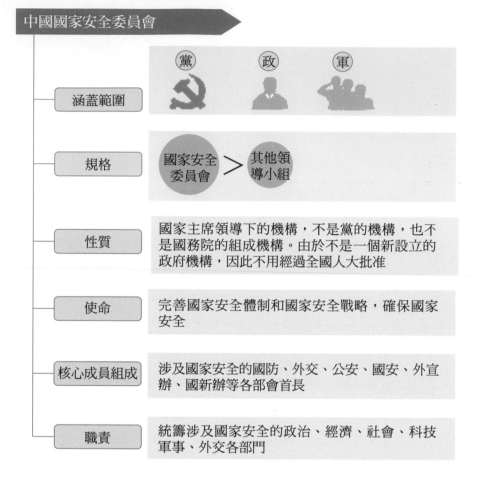

中國國家安全委員會	
涵蓋範圍	黨　政　軍
規格	國家安全委員會 > 其他領導小組
性質	國家主席領導下的機構，不是黨的機構，也不是國務院的組成機構。由於不是一個新設立的政府機構，因此不用經過全國人大批准
使命	完善國家安全體制和國家安全戰略，確保國家安全
核心成員組成	涉及國家安全的國防、外交、公安、國安、外宣辦、國新辦等各部會首長
職責	統籌涉及國家安全的政治、經濟、社會、科技軍事、外交各部門

六、確保「十三五規劃」《建議》的目標任務落到實處

　　制定「十三五規劃」綱要和專項規劃，要堅決貫徹黨中央決策部署，落實本建議確定的發展理念、主要目標、重點任務、重大舉措。各地區要從實際出發，制定本地區「十三五規劃」。各級各類規劃要增加明確反映創新、協調、綠色、開放、共享發展理念的指標，增加政府履行職責的約束性指標，把全會確定的各項決策部署落到實處。

國家圖書館出版品預行編目 (CIP) 資料

圖解中國「十三五規劃」《建議》／雷鼎鳴導
讀. -- 第一版. -- 臺北市：風格司藝術創作坊,
2016.01
　　面；　公分
　ISBN 978-986-92628-5-9(平裝)

　1.經濟計畫 2.中國

552.24　　　　　　　　　　104028581

圖解中國「十三五規劃」《建議》

作　　者：雷鼎鳴導讀
編　　輯：苗龍
發 行 人：謝俊龍
出　　版：風格司藝術創作坊
　　　　　106 台北市安居街118巷17號
　　　　　Tel: (02) 8732-0530　　Fax: (02) 8732-0531
　　　　　http://www.clio.com.tw
總 經 銷：紅螞蟻圖書有限公司
　　　　　Tel: (02) 2795-3656　　Fax: (02) 2795-4100
　　　　　地址：台北市內湖區舊宗路二段121巷19號
　　　　　http://www.e-redant.com
出版日期／2016 年 3 月　第一版第一刷
定　　價／280 元